教师口袋书
POCKET PAL

为天才儿童 "开小灶"

Successful Provision
for Able and
Talented Children

巴里·蒂尔　著
(Barry Teare)

宋戈　王若雨　译

教育科学出版社
·北京·

目 录

技能或要求

基本原理

为什么？

为什么？

❖ 老师是很忙碌的人。他们的日常工作量渐增且工作难度越来越大。如果想要他们满腔热情地处理每一件事而不只是装装样子，就需要有一个好的理由。

❖ 迄今为止很多学校仍对天才儿童很漠然。现在，随着政府规划和来自督察报告的更多关注，人们对培养天才儿童的目的性认识增强了。英格兰 2005 年度白皮书强调，要为天才儿童提供更多机会，开设更多拓展性课程。其他国家也存在类似的现象。

❖ 以下是老师仍需避免出现的三种毫无帮助的看法：

1. 聪明的孩子可以照顾自己——他们不需要关注。

2. 天才儿童天生就是幸运的，要将注意力转向那些"问题"儿童和困难儿童。

3. 害怕天才儿童，有时担心不能应付那些能力超常的学生。

❖ 答案是显而易见的。即使帮助的方式各有不同，所有的儿童都需要并且应该受到关注。就如何与能力超常儿打交道以及给他们"开小灶"而言，现在已有很多的培训和学习材料。

在老师们能从天才儿童教学策略和课堂活动中获益匪浅之前，他们需要注意这些关键原则。这一部分对这些关键原则及其应用进行了阐释。

应用或活动

提升优点

有很多特别积极的原因促使我们给天才儿童"开小灶"。

☞ 所有的儿童，事实上所有的人，都有权利实现他的全部潜能。

☞ 这是一个关于机会平等的问题。多年来，老师们已经接受了"不应该让任何孩子因为种族、宗教、性别或社会背景而遭到歧视"这样的观点。应该在这种观点中加上"能力"这一维度，即"也不应该让任何孩子因为能力而遭到歧视"。另一种与此相同的观点就是"全纳教育"。

☞ 这对于其他学生而言，会带来连锁式的积极影响，会提升他们整体的期望值。

☞ 它促进了教学相长。这会增强学生与教师的信心。

☞ 在充实的氛围中工作，老师们会有职业满足感。能够帮助儿童取得成功，会真的让人感到兴奋。

☞ 它能帮助减少不满情绪和不良行为，因为当你对工作感到厌烦时，有些天才儿童的淘气会成为调节剂。

☞ 这是满足庞大的家长群体需求的一个重要方面。

☞ 学校的福利已经得到了改善。任何一所没有照顾好天才儿童的学校，都不仅会伤害天才儿童，也会伤害学校里的其他学生。

☞ 对综合类学校中的老师们而言，整个系统的教师福利都得到了改善。

换句话说，再简单不过了：

我们的工作就是为每个孩子，包括那些最有才华的孩子倾尽我们的全部力量。

技能或要求

适宜的课程

❖ 许多天才儿童的日常课程存在大量问题，导致有些学生对学习感到厌烦并失去兴趣。课程内容是应该教授给学生，但应该通过一种富有挑战性且有意思的方式。

要避免出现的情况
主要包括：

❖ 学生已经证明了自己的能力，却还要做很多同一难度水平的题目。

❖ 经过很多实际上并不需要的步骤，只是为了与一般学生保持一致。

❖ 从很基础的点开始教授——这些可能适合部分儿童，但却忽略了天才儿童的已有知识或能力。

❖ 依据指示和指令对学生进行太多"填鸭式"灌输。

❖ 宁愿浪费早早完成任务后余下的时间，也不允许学生进行更具挑战性的活动。

❖ 太多限定性的或封闭性的任务，致使天才儿童没有机会开展拓展性工作。

应用或活动

运用适当的课程工具避免问题出现

十一个强化点

1. 以一种富有挑战性和趣味性的方式呈现课程内容。

2. 创造性地使用资源，包括调整课程目的、在各个年龄段之间进行调整和打破学科的界线。

3. 应该鼓励学生以个人喜欢的方式进行学习以维持学习的挑战性。

4. 使用学科一览表鉴别天才儿童，通知课程内容。

5. 关注天才儿童的共同需要。

6. 对思维技能进行分类，重点放在分析、综合和评估上。

7. 检查一下是什么因素让一项任务变得更加具有难度和挑战性，并将这些因素整合到工作方案中。

8. 运用各种形式的差异化教学策略。

9. 为了能更适当地组织教学及进行内外部强化，建议运用大量策略。

10. 运用问卷和调查从天才儿童身上和他们感兴趣的材料中有所发现。

11. 寓教于乐。

备注：对这些观点的具体阐述见书中随后各部分内容。

技能或要求

单一目标

❖ 近年来，目标和设定目标已开始贯串公众生活的各个方面，这在教育领域也是不争的事实。问题是，当目标太多时，为其所做的努力就会消失殆尽。而且如果没有一个最重要的目标，人们很容易就趋向于可测量的目标。

❖ 政府确立了大量需要教师在头脑中铭记的、与天才儿童相关联的目标——更多环境设定、更好的测试成绩、早点参加考试、参加世界级大赛，在英格兰，还包括要让更多的孩子能够参加全国天才少年科学院的入学考试。

❖ 针对学校的调查和特别研究得出了一个非常重要的观察结果，随着人们对学习认识的提高，暑期班、兴趣班以及强化班这些辅导班的开设情况日渐完善，但是能在常规教学中为天才儿童"开小灶"的，为数不多。

❖ 这应成为唯一的目标：

> 在常规教学中为天才儿童"开小灶"，因为课堂学习占据了所有天才儿童的大部分学习时间，而且如果没有它，我们将只关注"强化班"的活动。

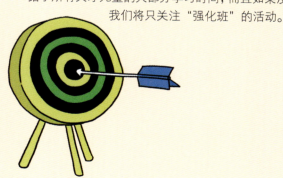

应用或活动

击中单一目标

可以运用很多方法评估在常规教学中针对天才儿童的差异化教学是否有所改善：

☞ 检查工作进度表和课程计划，确保已将天才儿童的差异化教学计划纳入其中。

☞ 个案追踪：在不同的学科中对天才儿童进行跟踪研究，记录下所提供的挑战类型以及所运用的各种形式的差异化教学的水平。

☞ 为了见证改革所产生的效果，由同伴教师进行课堂观察。

☞ 在全体教师会的休息间隔讨论指定的学生。

☞ 选取一定样本的天才儿童进行访谈，获得他们对教师所提供的差异化教学实施情况的看法。

☞ 让天才儿童家长填写调查问卷，也让他们谈谈在常规教学中实施差异化教学的看法。

☞ 回顾天才儿童的成长进步情况，并将其作为学生目标设定或个别教育计划的一部分（相关内容详见第23页）。

技能或要求

成功及成就的氛围

❖ 在英格兰，人们普遍认为，不能完全以
  成败论英雄。当然，为了避免自
  吹自擂和骄傲自大而刻意不去
  庆祝成功，也不是一种好习惯。

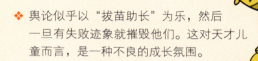

❖ 舆论似乎以"拔苗助长"为乐，然后
  一旦有失败迹象就摧毁他们。这对天才儿
  童而言，是一种不良的成长氛围。

❖ 造成天才儿童低成就的最大因素是
  同伴压力。一种可笑的观念就是：成功不知怎么地并不
  是一件很酷的事情。结果，那些表现良好，特别是在研
  究性学习中表现良好的学生，就开始厌恶学习，进而学
  习成绩下滑。学生间有一种隐形的欺侮形式，包括称呼
  天才儿童"教授"、"研究员"之类的。

❖ 学校要采取主动措施去营造一种积极的氛围，这很关键。
  否则，天才儿童将会羞于回答问题。他们会故意不作出
  高水平的表现。

❖ 每一位教师都要对他/她的课堂学习氛围负责。坦率地讲，
  教师忽视其他学生对天才儿童的侮辱便是玩忽职守。

应用或活动
营造良好的氛围

营造良好的氛围需要举全校之力。包括以下这些方面:

☞ 就像学生行为准则一样,学业成就准则应该鼓励分享成功的喜悦而不是嫉妒。

☞ 采用一种较为宽泛的能力构成模式(详见第14页)。这种模式包含更多的领域、更多取得成功的方法以及更多比例的儿童。那么,(思考一下)侮辱那些英语或数学成绩好的学生关键是因为什么?

☞ 学生已经很重视某些领域的天分,比如在现代舞舞步、计算机知识以及滑板等方面。教师需要积极应对以告诉学生,其实擅长做诗也没什么两样(做诗也是需要天分的)。

☞ 通过海报或展板以及在社交场合展示、传发适当的标语,比如:"成功来自主动出击而不是坐以待毙"、"只有努力工作才能获得成功"等,这是很有好处的。

☞ 更加凸显照片展览、新闻剪板和学校奖励的作用。学校应该有一个巨幅展览,在里面展示每一个在某方面做得好的学生和老师的照片。这样做所透露出的潜在信息再清楚不过了——"成功感觉很好"、"每个人都能成功"、"我们可以一起来庆祝成功"。

☞ 各种学校集会也是庆祝胜利的好时机,如"让我们一起为在本周末赛狗和射野鸭比赛(the Dog and Dack)(英国一种传统比赛,译者注)中胜出的测验队队员之一的贾维斯夫人鼓掌好吗?"目的在于避免儿童,也包括教职员工出现年龄越大就越腼腆的倾向。

技能或要求

选择合同

你面向学生站着，每只手里分别握着整齐卷好的、系着红丝带的合同，然后边说边依次将合同递给学生。

伸出左手时你说：

"我的左手里有一份合同，这份合同认为你是一个天才儿童。因此，要求你要比其他同学工作更长时间，这样你可以实现你的全部潜能。"

伸出右手时你说：

"我的右手里有另外一份合同，这份合同也认为你是一个天才儿童。但是，这份合同并不要求你工作更长时间而是要你更加聪明地工作。你可以不必重复做那些你已经会做的事情，可以省略你并不需要的步骤，把由此节约下来的时间用在那些令人兴奋和有挑战性的任务上，以此来实现你的全部潜能。"

伸出两只手时你说：
"你想要哪份合同？"

应用或活动

结果是什么?

大多数的天才儿童不想工作更长时间。这是一种没有吸引力的"小灶",它看起来像是对学生的一种惩罚。他们会想:为什么能力超群就意味着得工作更长时间?这将会占据课余时间。这种合同使得一些天才儿童不想被认定为天才儿童。(面对这份合同)他们可能会这样回答:"别把这些混为一谈,就像把足球和阅读混为一谈一样。"

有一些天才儿童会选择左手合同,要么是因为他们是工作狂,要么这就是他们父母的看法,但他们属于非常少数的那一类。

右手合同

这种合同提供了更好的成功机会,看起来更加公平。它为学生发展其他兴趣留出了时间。这不是对那些想被认定为天才儿童的孩子设置障碍,事实上恰恰相反,因为这种合同,学生可以去做些更有意思的工作。

然而,这份合同也并未阻止有一定天分或能力的儿童将额外的时间花在艺术工作室、运动场、戏剧工作室、游泳池、化学实验室,或者说任何一个他们愿意花时间的地方。

技能或要求

和家长愉快合作

❖ 部分家长对于孩子的能力水平以及他们能花在孩子身上的时间抱有不切实际的幻想。但是，绝大部分家长并不是那样。对于他们能力超群的孩子，他们掌握着相关信息，对孩子知根知底，这非常有利于他们与老师们开展合作。

❖ 在英格兰，英国教育标准办公室 2001 年 12 月的报告中提到"为天才儿童'开小灶'；对城市和其他资助项目的优劣情况进行评估"，其中有一个非常重要的观点："很显然，在被访的学校中，尽管教师与家长之间可能会发生一些误解，但是如果想要使天才儿童的'小灶'卓有成效，那么教师就需要获得天才儿童教育所需要的家长支持。孩子是否在天才儿童之列，家长们会有不同的反应，对这些反应的处理，教师不太可能通过保持一份谨慎的沉默来解决。"

❖ 应考虑一些天才儿童家长的需要，他们爱自己的孩子，希望竭尽所能为孩子做些什么，但他们却不知道要为孩子提供什么样的帮助。这时，教师在提供建议和专业支持方面就起到了重要作用。

应用或活动
开展家长工作的实用步骤

☞ 组织召开家长会，讨论和解释学校为天才儿童准备的"小灶"，给全体家长发邀请函，而不是只叫来某些特定的家长。

☞ 制作一套关于天才儿童的学校政策文档，方便家长详细阅读。

☞ 在学校手册里解释天才儿童的"小灶"所包含的策略。

☞ 准备一份家长手册，告诉家长他们可以通过哪些方式来帮助他们的孩子。

☞ 将家长纳入到天才儿童的鉴别体系中。邀请他们写一封信，详细描述他们相信孩子有什么能力以及相应的证据。由此，你会得到很多新信息。

☞ 你所采用的任何措施都要及时告知家长以避免与家长之间产生任何误解。如果作业的难度水平提高了，家长需要知道这个情况以便对孩子的成绩作出真实评判。

☞ 明确天才儿童家长评论和提问的渠道。家庭作业实质上就是渠道之一，它可以传递一些关注点。

技能或要求

认识所有类型的能力

❖ 首要目标必须是：在为所有的儿童提供优质教育的同时，为天才儿童提供好的"小灶"。为了达到这一目的，学校需要创设一种造就成功和成就的氛围（详见第8页），并且扩大天才的圈子。

❖ 重视研究能力超常的学生并满足他们的需要，但他们也只是整体蓝图中的一部分。

❖ 造成天才儿童出现低成就的一个最主要的原因就是来自同伴的压力和"成功并不酷"的观念在作怪。对于能力模式界定得越宽泛，可以取得成功的路径就会越多样，取得成功的学生数量就会越多。这样一来，就会创设出一种取得成功和成就的氛围，由此就可以消除那些研究能力超常学生的压力。

❖ 我们需要一种广义的能力模式，不仅是为了增加那些与学校休戚相关的学生数量，也是为了满足社会的需要。在世界上的许多动荡地区，我们是需要更多的物理学家和工程师，还是更多的领导人和谈判专家？答案是：以上两者，我们都需要。

应用或活动
一种广义的、全纳教育模式

为了给所有天才儿童（包括那些研究能力超常的儿童）提供更好的"小灶"，教师和学校需要提供：

一种广义的全纳教育模式。

这一模式通过大量的活动来鉴定学生的能力。

1. 高智商；

2. 在表演艺术方面的天分；

3. 机械、工程方面的技能和实操能力；

4. 感知能力，特别是那些监护人和其他善于处理人际关系的人所拥有的感知能力；

5. 具有激励性的领导能力；

6. 沟通协调能力；

7. 体育才能；

8. 表述、表现能力；

9. 创造力和想象力；

10. 问题解决能力；

11. 团队合作和向他人学习的能力；

12. 决断力和毅力；

13. 在很长一段时间内全神贯注于某件事情的耐力；

14. 摆脱思维定式的能力。

技能或要求

差异化教育

❖ 差异化教育是为天才儿童开设优质课程的最重要的工具之一。

❖ 成功的差异化教育包含了大量相互联系的要素：

    1. 要意识到儿童在能力和天资上存在显著的差异；

    2. 承认这些差异表明不同的学生有着截然不同的需求；

    3. 要认识到个性化需求只能通过因材施教来实现；

    4. 规划那些依据能力和需要考虑到个体化差异的工作项目。

❖ 差异化教育的理论研究已经持续了很长一段时间，但是相关研究报告和学校的调查显示，实践与理论存在差距。

❖ 近来政府对改进天才儿童教育的关注已经涉及恰当地重视差异化教学，例如"城市精英"就需要一种独特的教学方案。

应用或活动
差异化教育的形式

差异化教育的形式有很多，很多形式可以同时使用。

通过结果或反馈进行差异化教育
为所有的学生提供相同的学习材料或刺激，但在作业的设置形式上要为天才儿童作出高水平回答预留空间。答案的开放性成为其关键特征。

提供差异化的学习资料或教科书
向天才儿童提供更新、更前沿的资料，激励他们作出更有见地的回应。

设置不同难度的任务
虽然与其他学生学习同样的学科，但天才儿童可以挑战更有难度的任务。

进行差异化的对话
教师在与天才儿童的口头交流中运用更广泛的词汇、更高级的概念和更具挑战性的问题。

提供差异化的支持
省略不必要的教导，以一种更具激励性、更为成熟的方式为天才儿童提供支持。

实施差异化的教学节奏
在这里，制订计划需要说明学生要完成多少任务以及以多快的速度完成任务。天才儿童要以更快的速度完成更多的任务。

提供差异化的学习内容
为天才儿童争取时间来处理常规教育大纲之外的学习内容，这部分内容的学习将会使他们获得更为深刻的理解。

对独立性或责任感作出不同要求
天才儿童应更多地参与到自身学习方案的制订中。他们帮着老师一起决定下一步的学习走向。

技能或要求

跳级或拓展

❖ 在诸如"城市精英"的档案中，可以找到有关支持跳级的案例。

❖ 这是促进天才儿童比普通儿童更快通过课程考核的一种实践。他们比其他按常规模式进行学习的孩子要提前完成学业。在需要考试的学科中，这通常会使天才儿童提前进入考试阶段。也可以和大学展开合作，提前让学生学习更深、更难的内容。

❖ 或许有些学校在没有适当考虑其他方法或跳级结果的情况下就已经采纳了这种方法。这肯定是《跳级或拓展》（*Acceleration or Enrichment*）（由联合国数学基金会与伯明翰大学数学学院在皇家社会科学院举行的研讨会之后，于 2000 年出版）一书中表达出来的观点。

❖ 如果不采用跳级这种方法，还有一种方法就是拓展，即在一般的教学组织形式中给予学生适当的具有挑战性的学习内容。

应用或活动

跳级的标准

应该遵从下列原则：

☞ 在考试课程中，如果学生在常规时间参加考试的话，考试的成绩至少应该与他们之前所能取得的一样好。

☞ 从约定和兴趣的角度来看，提前完成教学内容没有破坏课程的完整性。

☞ 在因为跳级而产生的富余时间里开展一些切合实际的随访。

☞ 儿童教育的所有参与者都是计划的执行者。否则，就会出现一些问题，比如在小学阶段的跳级可能会带来中学阶段的重复学习。

☞ 关于是否需要跳级，不仅要看儿童是否具有智慧地处理更难更深的学习任务的能力，还要照顾到现实存在的社会因素和情感因素。

技能或要求

个案研究

❖ 个案研究是指就某一个天才儿童而进行的研究。一般会提取存在于潜在问题中的信息，通过研究这样的信息来研究怎样才能给天才儿童开好"小灶"。

❖ 个案研究通常需要用到全国性的数据，会涉及来自某一定居点的人群或是学校的内部人员。

❖ 无论是在读还是已经毕业的学校学生，都是最能给个案研究提供有参考价值的样本。因为对于那些与教师有过亲密接触的个案，教师能更好地进行研究。

❖ 个案研究的主要用途是协助教师鉴别哪些学生是天才儿童。对那些精挑细选的个案样本的研究能提供高质量的例证。这样的包含了天赋各异的儿童的个案样本，可以向教师们强调，天赋和天才是多方面的。

❖ 个案研究的另一个用途就是应用于教师培训。类似的对比研究能为教师创造互相探讨的机会，如怎样进行个案分析，哪种类型的课内外辅导更加恰当，等等。

应用或活动

安妮的故事

☞ 安妮参加了一系列的强化训练。但开始时，安妮的表现并不能让人满意。刚开始，她似乎不太努力，表现出了一定的惰性。

☞ 例外的是，在需要小组成员为团队演讲作贡献的时候，安妮却表现突出。她强制征用了小组的活动挂图并且主导了整个活动进程。

☞ 在课程结束的时候，安妮的父母收到了一份中肯的评价报告。报告中评价安妮非常自信，几近于自大。

☞ 辅导员欣喜地发现在接下来的课程中安妮全方位的努力和表现。在某些任务中，特别是书写任务，她在一群天才儿童中只能算是表现平庸，但是一旦任务中有演讲、展示这样的机会，她就当仁不让地成为了明星学生。

讨论要点

1. 你觉得安妮属于能力构成模型中的哪一种？

2. 在你看来，为什么在第一部分课程之后，安妮表现得更加努力？

3. 在工作计划的制订或在你的学校中开设兴趣课方面可从以上案例中吸取哪些教训？

（答案见第 92 页）

技能或要求

建立身份鉴定与"开小灶"的重要联系

❖ 我们做天才儿童的鉴定不是仅仅为了获得一张登记表或一份名单。如果你对一个天才儿童说，我们已经确认你在某一方面具有超常的天赋，但是仅此而已，没有下文，那么这个天才儿童一定觉得索然无味，而且他很有可能会质疑：做这么麻烦的鉴定有何用？

❖ 之所以要对天才儿童进行鉴定，就是为了能不断改进"开小灶"的方式，从而能真正满足天才儿童的需求。所以鉴定是起点，而并非自我完结的终点。

❖ 令人哭笑不得的是，实际上鉴定天才儿童的最好的形式就是通过"开小灶"。只有为每个人提供合适的机会，我们才会发现他的能力所在。这让我们更加重视那些具有挑战性、运用多种输入和输出形式的课程。这从一个侧面反映出，很多人可能具有相当高的天分，只是因为展示这种天分的机会迟迟不来，这种天分也只能就此隐藏起来了。

❖ 学校督学和内部评估员要注意鉴定天才儿童和更好地"开小灶"之间是否建立了重要联系。这种联系可以是全体教职工讨论的结果，也可以作为整体学生的目标设定，或者还可以是天才儿童个别教育计划体系的延伸。

应用或活动
个别教育计划样本

姓名：伯纳德·拉姆

课程领域：
网球、数学

教育背景材料（概况性的）：
来自县网球队组织者的报告；家长来信；学校体育教育部和数学部的教师推荐表；小学期间的表现报告；非常高的CATs分数；学校内部的数学测验卷；在数学兴趣班的优异表现。

将要采取的行动：
参加专业网球培训班；
推荐参加区域性的网球选拔赛；
在数学课中给予更多的内容丰富、具有拓展性的学习任务；
设置差异化的数学作业；
为了增加趣味性和参与性，在数学课程中提供更丰富的拓展性学习资源，诸如伊恩·斯图尔特（Ian Stewart）和托尼·加德纳（Tony Gardiner）教授的著作；
参加地方大学开设的数学强化班；
向国家天才青少年学院提出申请。

考核：
自本个别教育计划实施之日起，每年考核一次。

技能或要求

防止天才儿童的低成就

❖ 从某种程度来说，这是最重要的一个领域。能成功的天才儿童总是得益于他们热衷于挑战和喜欢寻找刺激的人格天性。而对于那些没能展示他们天分的学生来说，就会非常受人关注。

❖ 第一步要做的是完成低成就学生参考分析表。这张表需要填写以下几项内容：该名学生目前的表现，能证明该名学生有能力做得更好的相关材料，导致该学生低成就的可能原因以及对现状进行改进的建议。

❖ 这里有很多需要考虑的可能原因，包括：

1. 来自同伴的压力。成功没什么了不起的，天才儿童很有可能招人怨恨，甚至可能被欺负。

2. 懒惰。并非所有的天才儿童都会刻苦学习并尽最大努力。

3. 害羞。他们可能不想成为被关注的焦点。

4. 不良的学习习惯。可能是学习没有条理性，也可能是缺乏耐力或注意力不集中。

5. 厌学。如果学习枯燥乏味又总是重复，一些天才儿童就会放弃学习。

6. 未发现的能力障碍。有些天才儿童可能会有听力、视力或阅读困难等方面的问题。

7. 家庭背景。如果学生家庭忽视孩子的课业学习或没能提供相关支持的话，那么学生可能就会缺少必要的帮助和建议。

应用或活动

应该根据学生低成就的原因来采取相应的行动。以下各条建议和上页中的数字相对应。

1. 学校整体上采取举措，营造一种追求卓越和成功的氛围（详见第 8 页）。防止天才儿童遭到欺侮应该作为全校反欺侮措施中不可或缺的组成部分。而首要的一步，就是要让所有教师意识到，这样的欺凌是不可饶恕的。

2. 有的时候需要采取强硬手段。你的工作是为了改善天才儿童的"小灶"，但这并不意味着你要放纵他们的惰性。

3. 第一步要做的可能是对学生的出色表现在私底下予以表扬。

4. 对那些学习没有条理性的学生给予学习技巧上的建议。而耐力和注意力则需要通过长时间的学习和在对更加困难任务的解决中逐渐形成。

5. 以一种更生动和更具挑战性的方式呈现学习内容。时不时与天才儿童玩玩幽默也会富有成效。

6. 通过专业援助来发现学生的能力障碍，然后听取专业的意见来采取治疗措施。

7. 在家庭支持缺失的情况下，教师应该主动介入，并且给该学生提供比其他学生更多的建议和帮助。而且有的帮助可能是非常现实的，如为学生参加体育锻炼提供交通工具。

技能或要求

调整起点和过程所需的步骤

❖ 为了便于组织，出现了一种让同组中的所有孩子从同一起跑线开始的趋势。这对组内的那些天才儿童来说很可能会是一个问题，因为这种做法忽略了学生已有的知识和经验。一些天才儿童可能早已经上路了。

❖ 总是重复已经了解的知识会让人产生厌恶感和沮丧感。对于某些天才儿童来说，这样做可能导致他们表现欠佳。

❖ 为年纪小的孩子所制订的阅读计划应该从这个角度进行重新审视。如果学生在入学的时候就已经具有了一定的阅读能力，那么让他重回原点重新开始学习就彻底是一种破坏。

❖ 除了起点的不同，对学习所需要的步骤，我们也必须详加考虑。如果某项任务普通儿童需要分六步去完成，而天才儿童只需要三步就可以了，那么，为什么天才儿童要把时间浪费在他们根本不需要的步骤上呢？

❖ 调整任务起点和所需步骤的好处就是能为你赢得更多宝贵的时间。而这些时间我们完全可以用来为天才儿童提供更多的挑战和刺激。

应用或活动

☞ 一组天才儿童与作者一同参加了一个思维技巧强化训练班。其中，一部分孩子是第一次学习这种课程，另一部分孩子可能早已经参加过类似的课程了。所以，这样就造成了同组孩子在已有知识和经验上的不同起点。在普通的课堂上，当教师向学生介绍一个所谓的新知识点时，同样的情况也可能会发生。

☞ 涉及逻辑问题的特定任务可以用矩阵分析法来解决（详见第 64 页）。

☞ 根据各自能力选出来的同一小组的孩子，理应有自主选择学习起点和学习过程的权利。

1. 建议那些从未用过矩阵分析法的儿童听听关于这一方法的讲解。

2. 而以前用过这一方法的孩子既可以选择听讲解以更新他们的记忆，也可以直接开始练习。

3. 第一项活动是"案例史"。这一任务是通过分析一系列线索，将八个被命名为"布莱顿勒索"和"威胁信"等的侦探案件，与各自被侦破的年份匹配起来。因此，在"案例史"这个活动中，存在两个变量。

4. 接下来的活动是"侦探案件线索"中又增加了一点，难度有所升级。现在有了三个变量——之前练习中的案件名称，负责案件的侦探的姓氏和案件侦破的关键线索。无论是线索的数量还是语言本身的复杂程度都让这项任务更具挑战性。

5. 在训练中，给了参与者自主选择的权利，他们可以先完成"案例史"，然后再完成"侦探案件线索"，或者也可以直接去挑战那些更加艰巨的任务。

　　备注：详细内容参见巴里·蒂尔在网络教育出版社出版的《天才儿童的卓有成效的学习资源》（*More Effective Resources for Able and Talented Children*）一书。

技能或要求

寻找时间

❖ 在一个日益忙碌的社会里，教师和学校常常会找这样的借口："我们上哪里去找时间？"

❖ 在给天才儿童"开小灶"的过程中，有四个非常耗费时间的地方：

1. 教师们一开始就产生疲劳感了，即"初始疲劳"。因为日常的文书工作已经占用了他们的大量时间。即便这样，他们还是需要为班上的天才儿童设计因材施教的方案。

2. 总是有大量的规定内容必须要教。国家课程计划、读写标准、计算标准和考试大纲已经给教师们提出了很多要求。而组织天才儿童参与强化训练也同样需要时间。

3. 正常的学校作息表只能在相对较短的一段时间内起作用。但是，天才儿童需要更具拓展性的活动，教师为此所花的时间常常在正常的作息表之外。

4. 因为每个教师要教很多学生，他们的大部分时间可能花在了那些并不是非常有天赋的孩子身上。但教师仍需要挤出时间来激发、挑战天才儿童，让他们更好地学习。

应用或活动
创造时间

这些应用与左边页码中的数字相对应。

1. 在今天，只有政府能真正解决教师的文书工作过于繁重和活动过多的问题。然而，教师可以开展校内和校际间合作，收集、整合可以应对天才儿童教学的构想和资源，还可以为之建立一个共享的网站。

2. 如果我们不要求天才儿童去重复学习那些他们已会的知识，也不需要他们去走那些根本不需要的步骤，那么时间是可以空出来的。而在班级里的其他学生按部就班地进行学习的同时，即使是规定的教学内容也能以更富挑战性的方式呈现给天才儿童。

3. 常规课表中的活动周和偶尔的停课可以提供相对较长的时间段。一些学校已经与一个叫做"创意伙伴"的组织合作来利用这些时间。参加强化班、周末班或暑期班也能让天才儿童有机会进行强化拓展训练。还有一个方法就是好好利用家庭作业这一工具，特别是学生已经通过普通的家庭作业掌握了学习内容的时候，可以设计一组拓展性作业来加以强化。

4. 难的是，所有学生都有享用教师时间的权利。只是对天才儿童来说，这段时间将以不同的方式来度过。还有一项日益重要的工作，那就是为了能在班内开展更有效的沟通，教师可以列出一个班级小帮手的名单。

技能或要求

家庭作业

❖ 无论是对普通学生还是天才儿童，布置家庭作业的主要目的都是一样的。

❖ 布置家庭作业的目的无非是以下几点：预习功课，研究探索，培养自主学习、独立学习的习惯，养成有条理的学习技巧。

❖ 家庭作业是学生也是教师进行自我检视的一次机会。除此之外，还能加强学生与家长之间的联系。

❖ 一个值得关注的方面是，家庭作业一向被用来巩固课堂知识和基本技能。当然，这对于大多数学生来说是非常必要的，但对那些已掌握了这些知识和技能的天才儿童而言，他们会因为这些作业的枯燥和重复而产生一种抗拒感和厌恶感。

❖ 如果运用得当，家庭作业可通过以下方式帮助天才儿童：
   a. 给学生自我提升的机会；
   b. 提供应用高阶思维技巧的机会；
   c. 提供拓展性学习；
   d. 激励学生参考更高一级的教科书。

应用或活动

这里的应用是通过案例研究的方式进行的。

玛丽的故事

☞ 玛丽是一个洞察力极强、非常有主见的女孩，通常她都能非常清晰地表述自己的观点，并且她是一个在数学方面表现出色的天才儿童。

☞ 近来，玛丽拖欠数学作业的问题越来越严重。曾经排名前列的考试成绩也急剧下降。玛丽已经因此被留过一次堂了。现在，教师还威胁她会使用别的方法来对她拖欠作业的行为进行惩戒。

☞ 玛丽的父母在教育孩子方面抱有非常传统的观念，现在他们双双为玛丽所出现的问题感到烦恼和困惑。因为他们知道，玛丽根本不是没有能力去完成家庭作业——事实上，即使是出色地完成家庭作业对于玛丽来说也不过是小菜一碟。

讨论要点

1. 是哪些可能的原因造成了玛丽日益严重的数学作业拖欠问题？

2. 请给出改善现状的一些建议。

（答案见第92页）

技能或要求

不同的学习方式

❖ 天才儿童和其他儿童一样，都有着各自偏好的学习方式。有些人喜欢体育活动或者能动起来的学习方式（动觉型学习者）；有些人更接受视觉上的输入（视觉型学习者）；另一些人则喜欢通过听到的声音来学习（听觉型学习者）。

❖ 教师应该充分考虑到学生的这些不同偏好，充分发挥每个学生各自的认知优势，允许学生对同一问题有各自不同的回答。当然，仅仅做到这一点还远远不够，因为无论哪种学习方式，教师都必须提供各种真实的挑战，这样才能因势利导，给天才儿童开好"小灶"。

❖ 在为学生提供适宜的学习条件方面已经有了大量的相关研究。每个孩子最理想的学习环境都是不同的。有些喜欢安静的学习环境，有些比较喜欢在音乐的陪伴下学习，还有一部分天才儿童喜欢边动边学。

❖ 不同学习方式的天才儿童对同一任务作出的反应是不同的。只要完成任务的方式不是太离谱或者太耗时间，教师应该鼓励他们用最适合自己的方式去完成任务。

应用或活动
一个问题，三种解决方式

在由作者开设的针对天才儿童的众多课程中，有些用到了被称为"狗街"（Canine Avenue）的逻辑性问题。

这个问题提供的情境是这样的：一条街上有6所房子，其中有5所房子养着狗。解题者通过解析所提供的信息，将人物与相邻的6所房子的号码匹配上。通过介绍性的信息和一连串相互关联的线索，解题者要能够分析出哪只狗属于哪个主人，以及哪个号码的房屋里没有养狗。

☞ 某些擅长数理逻辑方法的天才儿童运用了矩阵分析法（见第64页），通过画叉和打钩得出判断。

☞ 那些更偏好视觉信息的学生画出了一张"狗街"的地图，在地图上标上数字、人物和狗，然后根据所运用的线索作出判断和选择。

☞ 第三组学生则剪了很多小纸片，在不同的纸片上标注人物名字、数字1到6和狗的品种（如果相应房子里没狗的话就注明"没有狗"）。这些动觉型学习者会通过移动这些小纸片来解决问题。

以上三种方法都被证明是有效且省时的。这说明，给学生选择学习方式的自主权对所有的学生都是大有裨益的。

技能或要求

适当的阅读

❖ 让天才儿童阅读一些有挑战性的文学作品当然很好。但是我们同时也要认识到，就像很多成年人一样，天才儿童有的时候也需要一些没多少任务要求的阅读材料来放松自己的大脑。

❖ 很多有能力的读者能运用一些阅读技巧来阅读超越他们生理年龄的书籍。但是，值得注意的是，这些书里可能包含了一些超出儿童经验和理解范围的社会和情感因素。

❖ 我们建议孩子阅读各种类型的书籍。男孩子们可能比较喜欢纪实类的书籍，包括诗歌。

❖ 为天才儿童准备的小说中需要具备以下特征：

- 涉及一个重要的主题；
- 具有大量的文字游戏和很大的词汇拓展量；
- 能展现某种特殊的幽默感；
- 在文字之外还具有象征意义、引申意义和寓意；
- 包含了魔幻、神秘、幻想、阴谋等要素；
- 展现出神秘的特质和强大的感性力量；
- 能开阔读者的视野，丰富他们审视世界的角度；
- 能够让读者进行自我情感的探索；
- 所运用的语言很美、很有震撼力；
- 创造出令人信服的强有力的人物形象；
- 包含了需要集中注意力的复杂情节；
- 能极大地激发读者的想象。

总而言之，我们应该牢记迈克尔·莫珀格（Michael Morpurgo）的话：

"你将一本书放在一个孩子面前，是为了让孩子能够喜欢它，通过它爱上阅读，而不仅仅是将它作为练习之用！"

应用或活动

试着看这些书！

推荐近期的一些图书：

📖 安东尼·霍罗威茨 (Anthong Horowitz)《渡鸦之门》（*Raven's Gate*）：本书塑造了一个新的男孩英雄马特·弗里曼（Matt Freeman），他是作者构思的系列人物"五者威力"中的一个。书中讲述了在一个惊险的背景下发生的刺激的冒险故事，故事情节诡异变幻，写法很具想象力和创意。

📖 杰拉尔丁·麦考瑞思 (Geraldine McCaughrean)《世界末日尚未来临》（*Not the End of the World*）：书中作者关于诺亚方舟和洪水的描述很吸引人。这是一个很费力、很具挑战性的题材：涉及很多哲学和道德主题。书中有对迷失、残酷、肮脏、惨无人道的大量描写，但其中也有一种含蓄的美以及对精神的提升。

📖 特里·普拉切特 (Terry Pratchett)《帽子里的天空》（*A Hat Full of Sky*）：这是一本非常搞笑的书，但其中也不乏大量的优美段落。本书也涉及了一些重要主题，具有很强的象征意义。书中高潮迭起，充满了让人记忆犹新的滑稽搞怪，同时也很好地阐释了人与人之间的关系和真正价值。

📖 大卫·阿尔蒙德 (David Almond)《陶像复活》（*Clay*）：儿童文学奖得主作家，典型的魔幻现实主义写作风格。《陶像复活》有着一种神奇的美感。作者塑造了一个怪异的、鲜活的怪物形象，而在围绕它发生的故事中你很难看到说教的痕迹。

📖 迈克尔·莫珀格《列兵皮斯福》（*Private Peacefu*）：作者采用了一种简单的虚构手法风格，虽然故事平铺直叙，但却融入了很深的情感，关于人性的思考很耐人寻味。本书讲述了托莫和查利兄弟在一战期间发生的故事，同时也描绘了德文郡小镇虽然残酷却也动人的生活画面。书中有个巧妙的时间线索。本书带给人怎样的精神启迪，有待天才儿童进一步深思！

2 思维技能

技能或要求

视觉思维

❖ 据说 29% 的人在学习上有视觉偏好。

❖ 为了给这类学生以特定的支持，建议教师充分利用各种海报、视频展示、地图、绘图和图表。

❖ 这类学习者能从教室周围所展现出的关键词中获得启发。

❖ 视觉偏好的学习者喜欢以一种图画的形式来呈现信息。他们能充分利用思维图或主题网。对于他们来讲，解决问题的有效路径，就是运用流程图或者画时间轴，即用一种易于理解的方式将数据展示出来。

❖ 视觉思考者喜欢将场景视觉化，他们就是其中的观察者。这类学生善于将未组合起来的三维立体图形有机地组合起来。他们更喜欢用故事板来讲述故事。

❖ 一个非常有效的途径就是鼓励天才儿童对概念进行视觉表达。卡通显然就是运用了这种方法。科学概念的卡通化已经非常出名了。相同的理念可应用于所有的课程领域。

❖ 有视觉偏好的非常成功的数学家都玩过"井字格"游戏。他们会在头脑中建立一块板，上面画了九个格子，通过两人轮流填写坐标的画井游戏来填满九个空格。谁能先把三个空格的相同坐标连成一行谁就获胜。

思维技能在对所有儿童的教育中已无可厚非地成为了一个关键领域，对于天才儿童而言，这更加重要。这一部分分析总结了主要的思维技能并且提供了相关的课堂活动。

应用或活动

他们眼中的星星

为了看看不同星星组成的图案和将星星周围的事物组织起来，人们将星星分成了不同的星座。绝大部分有名的星座都有一个源于古代神话传说的名字。星图被用做神话人物形象的基础。人们需要大量的想象才能将星星的排列化为精美的画作，如一只蝎子或是一个射手。

学生任务

1. 研究以下星图。

2. 复制这张星图，然后以这张星图的图案为基础，创设一个人物肖像（以你认为的最有意思的任何方式，可以用连线将星星连起来，然后将它设想成一个形状）。

3. 围绕你所创造的肖像，写一个短故事。

星图

拓展性任务

1. 构建你自己的星图。

2. 在这个星图基础上塑造人物，或和另一个学生交换图，根据他的图来设计一个合适的人物。

技能或要求

动起来

❖ 天才儿童有着不同的学习方式（详见第 32 页）。动觉型学习者会比较活跃，喜欢动，喜欢通过动手做来完成任务。其实，无论在何种情况下，孩子们都会以各种各样的活动来作出回应。

❖ 有些材料可以一种固定的标准的方式来处理，但如果能创设一种学生可以在其中来回走动的情境，那么，学习的效果就可以得到加强。寻宝就是其中很受天才儿童欢迎的一种活动。在作者早期的著作里（相关信息见第 90—91 页），有大量的此类片段。"2 放在对面，4 放在下面"要求学生在寻宝中收集线索，寻得宝贝并完成纵横填字游戏。在"句子接龙"中，学生要经过 30 个站点，试图命名 30 个单词，各种颜色的卡片暗示着这个单词的词性是名词、动词、形容词、介词或代词。"顺着黄砖路"涉及儿童文学。"数学侦探"要求参与者锁定 10 个基本的数学项，然后解决 35 个其他类别的问题，这些问题涉及很多不同的元素，诸如数字、术语、序列、图形、算术等。"时空旅行者"将寻宝形式应用于人文类的学科课程。

❖ 另一种有效的学生可以动起来的情境是谋杀案调查。在"最后的帷幕"中安排了一次巡查，"侦察小组"有机会访问犯罪现场、剧场商店、报社办公室、剧场代理机构、法医实验室等，以便搜集证据。

应用或活动

知晓受害者

据侦探们说，一旦发现你很了解谋杀案的受害人，他们就会协助你破案。所以，学生要通过取证分析描绘一幅关于受害人的图景，尽可能详细地描述受害人的相关信息。

可以创设不同的空间来象征受害人家中的房间。学生们组成不同的侦察小组，以巡察的方式在设定的地点中来回走动，查看证据，并做下记录。然后通过小组讨论形成一份报告。

关于创设怎样的房间以及在房里放哪些证据显然是非常灵活的，它涉及各种不同的情况，可能包括：

☞ 一个学习型区域，里面存放着档案、信件和一本指定的书籍。

☞ 一间卧室，里面有衣服和个人用品。

☞ 一间车库，里面不是存着车，而是存放着自己动手制作的体育器材及物品。

☞ 一间休息室，里面有书柜和摆满了杂志期刊的报刊架。

备注：为学生提供带有各种不同解说的证据是有好处的。它能使学生在讨论和汇报时运用他们的高级思维技能以及创造力和想象力（在考虑实际的同时）。

技能或要求

灵活、适宜的答题方式

❖ 天才儿童的学习方式千差万别。但是他们中的大多数人喜欢走捷径，喜欢用他们自己的简化方式去答题，并且常常不给出具体的解题过程。他们的大脑快速运转，以尽可能迅速地解决问题，给出答案。记下解题过程中的每一个细节，对于他们来说，就是一项索然无趣的杂事。

❖ 在考试或者测验中答案过于简洁会带来问题。学生们会因为没有给出适当的解题过程而丢分。因为如果最终答案是错误的，那么也就没有过程分可得。

❖ 但是，总是强迫天才儿童按照标准形式去答题，也是有风险的，因为这样他们会逐渐感到沮丧和乏味。

❖ 幸运的是，绝大多数天才儿童洞察力极强，他们更愿意与教师达成约定，而根本不理睬教师就考试成绩兜着圈子对他们进行说教。

❖ 约定内容：

  a. 为了所有人，包括自己，在考试时按照要求去答题，注重细节和步骤。

  b. 在其余大部分的时间里，也就是平时上课和写家庭作业的时候，可以采用简答形式。

  然而，在这个约定里，学生也需要在考试前做大量的标准答题练习。

应用或活动

速答的汤姆

在德文郡的一个强化训练班上，作者得以和一组 6 岁以上的天才儿童一起工作。训练的方式是侦探型的，每项训练内容都非常具有挑战性，在活动中融入了大量思维技能训练。

从 52 张纸牌中拿出任意 5 个

将 5 张纸牌放在桌上，正面朝下。在训练中，每张纸牌都对应着一定的分值。（如 A=1 分，J=11 分，Q=12 分，K=13 分，或者其他具体的数值）在这次猜牌游戏中，卡面分别是 A、J、Q 和 K。学生要根据给出的 7 条关于纸牌位置、花色以及数值等综合线索来猜扣着的 5 张牌是什么。（完整版的游戏已经发表在由网络教育出版社出版的巴里·蒂尔的《天才儿童的卓有成效的学习资源》一书中）

汤姆的答案

汤姆根据线索进行了完整的推理过程，并把推理过程写满了整整一页 A4 纸。以下就是汤姆以极快的速度所完成的答案：

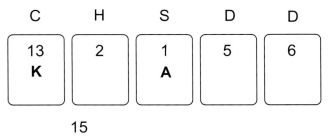

答案完全正确。在当时，这种答题方式是可以接受的，但要是考试就不行了！

技能或要求

问答环节

❖ 问答是大多数课堂教学的常规环节，也是一种教师们频繁使用的基本教学技巧。所以，充分利用好问答环节，提高问答的实效性就显得十分重要了。

❖ 天才儿童有着特殊的需求。他们需要更有思维含量的问题。这些问题需要他们运用综合、分析、评价等高级思维技巧。

❖ 有研究表明，教师为所有学生设置的问题中，绝大多数都只是关注知识点以及对知识点的浅显理解。几年前，特雷弗·凯丽（Trevor Kerry）在他的《有效的提问》（*Effective Questioning*）一书中提出，在课堂上，有80%的问题是关注知识再现的低水平问题，15%的问题与课堂管理、纪律有关，只有5%的问题是高水平的。在另一项实验中，特德·雷格(Ted Wragg)也得出了类似的结论。虽然这些研究距今已有些年头，教师的教学方法和技巧或许也已有所改进，但即使是这样仍不能满足那些天才儿童们与众不同的需要。

❖ 还有一个值得注意的趋势，那就是在课堂中，教师往往没有给学生充分的时间去思索和解答问题。如果一个学生一时还没回答出来，教师就会叫另一个学生来回答，或者教师直接给出答案。有的时候如果学生能在极短的时间里回答出一个非常难的问题，那基本可以确信，他没有经过缜密的思考。

应用或活动

☞ 请一位同事去听一节或者几节你的课，让他将你课堂上运用的知识理解性的低水平问题，应用性的中等水平问题和综合分析评价性的高水平问题记录下来，看看它们之间的比例。

☞ 在课前备课时，有意识地准备足够多的高水平问题，用来训练孩子们的思维技巧。例如：

综合性问题——如果纳粹获得了不列颠之战的胜利，那么第二次世界大战的进程将会发生怎样的改变？

评价性问题——是哪些因素让英国广播电视台的电视系列剧《荒凉山庄》（*Bleak House*）获得了成功？

分析性问题——牛顿和爱因斯坦的研究方法是大同小异还是大相径庭？

☞ 把一些分类法介绍给学生，如布鲁姆分类法，并让他们在学习过程中，根据学科内容将问题分成不同的水平等级。

☞ 如果碰到高水平的难题，有意识地尽量给天才儿童更多的思考时间来回答问题。

☞ 就某一学过的学科主题设计一系列的问题，让学生通过回答这一系列的问题，加深、强化对这一学科主题的理解。

牢记提问技巧的重要性：

"一个好的问题如同黑暗中的烛光，照亮了真理与未知。"

[引自：罗伯特·费希尔（Robert Fisher）《教儿童学习》（*Teaching Children to Learn*），Stanley Thornes 出版社1995年版，第17页。]

技能或要求

分组学习

❖ 在给天才儿童"开小灶"的过程中，怎样让他们找到最适合他们的小组是非常重要的一个方面。

❖ 分组学习的一个关键因素，是如何整体考虑分班、分组和综合能力混合。因为一般来说，天才儿童总是在某一个方面能力突出，而并非全面发展（有一点可以支持这个观点：在分析天才儿童的多元智能时，会发现大部分人的能力发展不均衡），所以，只考虑能力的高低对天才儿童进行分班，不是合理的方法。

❖ 分组的好处是能让学生按照不同的学科内容、不同的能力特长来进行学习，如某个学生可以被分到适合他的高强度但低难度的小组。

❖ 综合能力分组要求制订更为灵活的计划，这样能最大程度地让这些天才儿童感受到任务的挑战性，以充分发挥他们的聪明才智。

❖ 分组的另一要素就是检查各种类型的小组，看它们是否有利于天才儿童的发展。

应用或活动
分组的相关原则

1. 最佳小组的设定要基于特定学科所需要的关键能力要素。举个例子来说，如果过于依赖计算技能来分组的话，就有可能会忽略掉那些将来的真正的数学家，因为世界上大多数功成名就的伟大数学家并不一定精于计算。

2. 小组设定必须保持一定的弹性，这样才能给学生足够的进退空间。因为总有部分学生并不是在小组任务一开始就展露他们的突出能力。

3. 尤其在一些非选择性的学校中，最佳小组不是同一能力水平的小组。同一小组前几名的学生和后几名的学生之间会存在相当大的差距，这要求教师在教学时根据学生的综合能力进行分组。

小组：好还是不好？

☞ 拼图类型的小组对于天才儿童来说是比较有利的。这些学生都是从各自的以综合能力为基础的"母队"中起步，然后被分配至不同的能力小组去学习某一特定的学科内容，最后，再回到各自的"母队"中去分享学习成果。

☞ 金字塔类型的小组对于天才儿童来说帮助就不是特别大了。在这样的小组构成中，在讨论之前，每位学生先写下各自的见解，然后被分成一个三人小组进行讨论。接下来两个这样的三人小组会合并成一个六人小组，两个这样的六人小组又会进行讨论，如此循环往复。所以，金字塔类型的小组也被称为滚雪球小组，只是后者的人数增长是从两人到四人到八人。在这种类型的小组合作中，天才学生通常会感到无趣。

☞ 轮流进行的活动中，通常一项工作会被分割成不同阶段来进行。而这些不同阶段的工作又会被分配给各个小组的学生来完成。因为能力强的小组自然会处理更有难度的任务，这样天才儿童就得到了适宜他们能力水平的挑战。

技能或要求

问题解决

❖ 在解决某一问题的过程中，会重叠交叉地应用到很多思维技巧，如逻辑思维、横向思维、综合、分析、评价、数据整合、决策、研究以及预测。

❖ 在英国1999年国家课程纲要（The English National Curriculum 1999）中，要求每一个学科领域都必须明确体现问题解决能力的学习是怎样贯彻在教学方案中的（这项条款同样适用于其他国家）。这充分说明，学习怎样去解决问题是非常重要的。并且，除了单纯的学习目的之外，能掌握解决问题的能力对于学生今后的生活，包括处理好家庭或工作中的人际关系，都是不可小觑的。

❖ 大家推荐使用的问题解决模型多种多样，以下是较为典型的一种：

1. 明确问题性质。这可能会涉及相关研究。

2. 界定目标。即想取得怎样的理想结果？

3. 分析问题。明确哪些问题是最严重的，怎样去解决这些问题。

4. 构思解决问题的行动计划。可通过许多渠道去收集想法，想想能否从以前遇到过的类似问题中获得一些启发。

5. 评估行动计划的可行性。包括思考这个计划会带来哪些结果？实行这个计划要付出哪些代价？这个计划的可行性又有多大？

6. 做决策。通过比较不同的问题解决方案，在全面考虑各种因素的前提下，选出最佳的解决方案。

7. 执行。变计划方案为可实际操作的实施方案，一定不要忘记制作一个时间表。

8. 回顾。在执行实施方案的过程中，回头看看问题是否已经得到解决。

应用或活动
问题不分大小

在旧式小说中，那些接零活的公司和侦探事务所总是在广告里写上这么一句话：工作不分大小！现在，我们也用同样的句式来诠释那些所谓的"小问题"。

1. 在一桩谋杀案的调查中，嫌犯的鞋子被送到法证科去化验。化验结果显示，嫌犯的鞋底上有盐水的痕迹，但是鞋面上却没有。

如何利用这一线索来破案？

2. 格雷厄姆和罗布在旅行途中的高速路旁看见了一个养猪场。那些猪正在猪圈外觅食。农场主为这些猪做了足够多的独立的有着金属护栏的猪舍。格雷厄姆认为每只猪会固定使用属于自己的猪舍，而罗布则认为这些猪会来回使用不同的猪舍。

如何化解这一争论？

3. 你的学校将举办一次区域性的运动会，很多区域内的学校将会参加这次运动会。但是学校的车位有限，而运动会期间又会有比平时多得多的车停在校内。

运用问题解决模式设计出一个解决方案。

4. 当你的车在路边抛锚的时候，得到了一个素不相识的人的帮助。你希望用一个小礼物来表示你的感激之情，同时你希望这份礼物是这位好心人所需要的。

你怎样才能知道什么样的礼物是最适合的？

5. 两个男孩在操场上追跑打闹，两个人互相指责，称是对方先动手的。

怎么才能发现事情的真相？

技能或要求

分类

❖ 分类是指将事物按类别或等级归入适当的组群。

❖ 所有的儿童都会分类，但许多天才儿童的分类方式会更加复杂。这通常需要一种能力，那就是能发现事物间更多关联的能力。正因如此，我们就会产生这样的怀疑：对于考试里常见的"找出不同的一个"这种题型，在打分的时候是否真的只存在一个标准答案。

❖ 分类的过程中包含了很多思维要素，包括发现事物间的联系、比较、对比，以及分析出事物间的异同。

❖ 在甄别哪些学生是天才儿童的过程中，分类练习往往能提供非常有价值的信息。因为在分类练习中，天才儿童往往能表现出他们超常的思考能力，尤其是需要他们解释分类标准的时候，这样的思考能力表现得更加明显。

❖ 在科学中分类思维尤为重要，但是分类思维的应用也是非常广泛的。

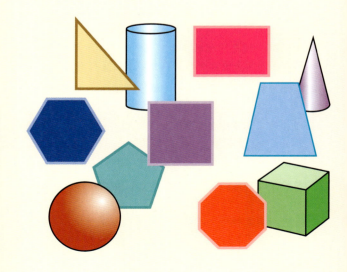

应用或活动

1. 用一大堆各种各样的玩具装满一个大玩具箱，让年纪稍小一点的学生对它们进行分类，并让他们给出分类的理由。

2. 对于更大一点的学生，运用同样的方式进行练习，但是玩具箱里装的是各种不同种类的物品。

3. 让学生们根据不同的分类准则，从以下三组中，找出与每组中与众不同的一个，要求给出尽可能多的答案。

   (i)   纸   木头   铁   丝织品   棉花
   (ii)   12   15   8   24   1
   (iii) 文档   把戏   片段   检查   光线

4. 让学生自己设计一些与上述相似的题目，在每一组中包含不止一个与众不同的事物。

5. 创造出一系列虚拟动物，并对这些虚拟动物进行详尽的描述。让学生将这些虚拟动物按种群进行分类，然后再阐述自己的分类方案。

技能或要求

评价

❖ 评价通常被理所当然地视为三大高级思维能力之一。和评价相关的关键词一般包括：判断、评论、推荐、给出意见以及裁决。

❖ 自我评价或自我评估是一个重要的领域，也是霍华德·加德纳（Howard Gardner）所谓的自我认知智能的一部分。无论是想要改进自己的工作方式，还是更宏观地要在人生道路上迈进一步，自审是一个不可或缺的环节。学校调查报告也会经常批评现在的学生对学习中的自我反省和审视的重视程度不高。

❖ 在多学科领域的探讨中，如英语、科学、历史、地理、宗教教育、政治、法律、哲学和经济等，能充分理解讨论的正反两方是至关重要的。那些有着超强的人际交往智慧的天才儿童，他们将来能推动社会的发展。因为他们的人际交往能力会影响到政策制定、决策和立法等社会进程的各个方面。

❖ 对表演作出评价，包括自我评价和他人评价，是诸多活动领域的一个关键环节，这些领域涉及话剧、舞蹈、音乐和体育教学等。

❖ 评价也是设计和技术工作的支柱之一。

应用或活动

接下来该怎么办

生活中几乎所有的情景都需要我们作出评判，而当我们需要在人际交往的过程中作出评判时，情况往往会变得更加复杂。

你的任务

1. 阅读下列描述的情景；

2. 回答情景后附的问题。

情景

阿西夫和理查德是非常好的朋友，他们在中学期间一直是同班同学，现在他们都已经年满11岁，并且要一同参加普通中等教育证书考试（GCSE examinations）。

让阿西夫感到烦恼的是，他已经确认了理查德在某一学科申请过程中作弊的事实。这里面牵扯到两件徇私舞弊的事件。一是理查德的父母给了他不该给的协助，二是理查德抄袭了别人发布在网络上的申请资料。阿西夫同时也意识到这一科目是理查德希望在将来能继续学习和深造的科目，所以他必须在申请中拿到好的等级。

问题

1. 接下来阿西夫可以有哪些选择？

2. 每个选择的优缺点是什么？

3. 依你所见，阿西夫应该怎么做？为什么？

技能或要求

预测

❖ 综合与分析、评价一起被列为三大高级思维能力，也是天才儿童培养中需要关注的重要内容。而预测或假设是综合这种思维能力的重要构成要素。

❖ 当你和天才儿童一起学习的时候，多问一句"如果是这样"或者"如果不是这样"往往会让你受益匪浅。因为天才儿童会在自己的分析和答案中将其超出常人的思考能力一展无遗。

❖ 预测在许多课程领域中都发挥着重要作用，特别是在科学、技术、数学、英语、信息和通讯技术、地理等方面。

❖ 在解决某一个问题的过程中，预测自己实施某种行动方案所带来的影响和结果，是必不可少的一步。

❖ 最成功的预测一定是建立在对现有数据的严密分析之上的。如果你对现有的信息作了全面深入的分析，那么，你就有可能基于此对未来发展作出重要预测。

应用或活动

　　预测可以应用到很多地方。根据故事的第一段描述来判断故事接下来的发展走向是其应用之一。

任务

　　完成由下段文字开始的故事，从标题及首段中找出能帮助你完成故事的线索。

致命抉择

　　西内德在终点站下了公交车，尽管心里异常紧张，但是她依然强作镇定。当然，西内德的紧张并非毫无来由，要怪就怪那通突如其来的电话。本来西内德以为贾斯廷好几个星期都不会和她联系的。尽管如此，她已经训练有素，能自如地应对这样的意外了。同时她下定了决心要做到最好！

　　西内德知道，去那个地方有两条路线可以选择。一是通过高速然后上山路，这样走的好处是比较安全。但是现在时间紧迫，所以西内德决定牺牲安全而抄捷径走小道。只见她仰起了头，拿出了自己的最佳状态，走进了蜘蛛巷。

技能或要求

抽象思维

❖ 在日常的教学中，可以说很少有能适合所有天才儿童的内容。然而，天才儿童中的绝大多数都具有一个显著特征，就是能在需要用到抽象思维的地方表现得非常出色。

❖ 思考文字背后的深层意义，包括具体的或抽象的，能让那些天才儿童更好地展现他们非凡的思考力和理解能力。

❖ 象征和比喻之间存在紧密的关联。很多时候，一个事物会象征着另外一个事物，就像解码一样，如果破解了每个事物的象征意义，那么将它们各自的寓意结合起来就会发挥整体作用。

❖ 在很多学科领域中，抽象思维的应用是显而易见的。如数学中的代数、符号学，英语中的谚语、习语、双关语，科学中的化学符号和方程式，音乐中的音符，宗教学中的寓言，历史和政治学中的转让条款。

应用或活动

Fivesquare 教授的代码

Fivesquare 教授喜欢提出各式各样的问题来训练学生的思维能力。看看在他的课堂中,你会有怎样的表现。

任务

通过运用 Fivesquare 教授给出的线索,解出加密信息的含义。

Fivesquare 教授的线索

1. 这个代码有两个构成元素。
2. 我的名字很重要。
3. 5 是一个奇数,在字母表中有 13 个数字也是奇数。
4. 其他 13 个字母的排列方式和伦敦的斯隆、拉塞尔和莱彻斯特这三个地铁站有一样的特征。

编码信息

676 – 15 – 324 – 40   25 – 50

5 – 196 – 40 – 400 – 64 – 15 – 324

60 – 5 – 65 – 40 – 36

50 – 5 – 65 – 25 – 196 – 20

196 – 40 – 55 – 20 – 64 – 400

40 – 324

196 – 40 – 400 – 64 – 25 – 196 – 20

(答案见第 93 页)

技能或要求
创造力

❖ 创造力是整个能力构成模式中一个非常重要的因素，但是有创造力并不代表高智商。确实有一部分人会同时拥有创造力和高智商，但是大部分富有创造力的人却并不一定会在记忆性的测验中取得高分或取得很高的学术成就。

❖ 作为教师，必须为学生们创设一种能够激发他们的创造力的氛围。要创设这样的氛围，非常重要的一点就是一定要摒弃每个问题只有一种解法的思维方式。就拿乘法来说，乘积只有一个，但却可以有很多不同的方法得到这个乘积。

❖ 很多被误导了的教育界人士，往往认为创造力不过是很多重要能力之外的锦上添花罢了。如果你仍然这么想，那就大错特错了。在美国，发展最快的产业就是创造性产业。在英国，如果不在儿童中积极推动创造性思维的发展，国家经济就会惨遭滑铁卢。毕竟没有了创造力的支持，矿山就会关闭，货运港也会被大量闲置，农业将面临极大的问题，海岸沿线的鱼类也会严重减少，制造业会停产，甚至连呼叫中心也只能搬移海外。

❖ 创造力并不是艺术领域所独有的，天才儿童需要在数学、设计、技术、科学以及所有其他学科领域中充分运用和发挥自己的创造性思维。

应用或活动

让思绪飞翔

☞ 想象一下，如果能将草坪转化为充足的能源供应基地，那将发生什么事情。

☞ 来改写、更新一下 20 世纪 30 年代或 40 年代的侦探小说吧，可以选择阿加莎·克里斯蒂（Agatha Christie）笔下的侦探赫尔克里·波洛（Hercule Poirot）。

☞ 选取一个你所知道的故事的最后一段，将它作为你自创故事的第一段。

☞ 设计一种或者多种能够让你不用踏入花园就能操作的小鸟喂食器（如放在地上的、放置在鸟食台上的等）。

☞ 试着将两本书中的角色互换一下。

☞ 按照你的喜好，创设出一个升级版的游戏。描述这个版本游戏设置的变化，展示这些变化带来的不同的游戏体验，阐述为什么这些方面的改变是一种升级和进步。

☞ 设想一下，如果当初是非洲人反过来奴役了整个欧洲，现在会是什么样的景象。

☞ 创编一个现代寓言故事。看看简·史次卡（Jan Scieszka）和莱恩·史密斯(Lane Smith)的那本经典寓言书《乌贼还是乌贼》（*Squids Will Be Squids*)（海盗，企鹅书局），将会对你创编寓言故事大有帮助。

技能或要求

算术

❖ 关于算术教学已有非常详尽的指导。现在教师们需要注重对教学框架的整体性把握。然而，对于天才儿童来说，教学计划的灵活性也是非常重要的。

❖ 关于算术的定义，在英国国家算术大纲中，算术涵盖了很多领域，但是重点强调的是应用算术去解决实际问题。这一点对于天才儿童来说才是最重要的。但是，如果我们在实际的算术教学中过于注重计算，那对于天才儿童来说就会很不利。如同前文提到的那样，也许你会很吃惊地发现，计算并不是某些天才儿童的强项。

❖ 在教学内容和教学组织上的一些建议能够帮助那些拿不定主意的教师，但是过多的建议也会对教学时间要求太过死板。教师要为天才儿童提供一些灵活措施，支持他们在自己感兴趣的领域继续研究下去。其实，天才儿童的长处之一便是：以极强的独立性或责任心完成任务。

❖ 代数概念很早就被引入算术教学中了，对天才儿童来说这是非常有利的，因为他们会非常喜欢这种抽象性的学习任务。

❖ "数学大探讨"是一项非常积极且正面的教学指导，能让无惧于话题难度的学生学到更多的知识。在进行讨论时，他们会在思想和见解上碰撞出火花。这些探讨既可以是口头上的，也可以变为其他形式。

❖ 在教学过程中，教师要尽量避免过多的指导和重复说教。课堂中最容易组织起来的活动，其实是那些具有挑战性的任务，这样课堂才能变得更加紧凑和充实。可以让两个天才儿童一起完成某项任务，而适当增加问题的难度有利于他们对问题的解决。

❖ 强调正确运用数学语言和数学符号是极其有益的。我们应该鼓励学生查数学词典。当然，数学词典的应用应根据教学的难易度来决定，不同的课文或学习资源要求不同的查词典方式。

应用或活动

最终得数

你对数学语言的理解如何？能否根据所给的指令快速解答一个数学问题？

任务

根据以下列出的运算步骤来算出最终得数。你可能需要稍微做点研究。

运算步骤

1. 从第八个质数开始；

2. 乘以一个直角三角形的斜边长，这个直角三角形的另外两个边分别是 3 和 4；

3. 加上 5 的阶乘；

4. 减去斐波那契数列的第十个数；

5. 被十边形的边数和除；

6. 加上第二个完全数；

7. 除以一个数，这个数是 6 个骰子中摇出的一个比 5 小的数；

8. 乘以第四个三角形数；

9. 减去 2 的 6 次方；

10. 加上半个世纪的数字。

最终的得数是多少？

（答案见第 93 页）

技能或要求

横向思维

❖ 对于逻辑思维和文字翻译来说，横向思维的用处很大。

❖ 在横向思维中用到的很多方法，都可以应用到天才儿童身上。下面介绍一个被作者成功应用于很多课程学习的方法。

1. 教师把问题大声朗读一到两次。在朗读的时候，学生可以根据自己的需要记笔记，一般来说也可以不记。

2. 在小组讨论某个问题的时候，以下行为值得赞赏和鼓励：

   a. 不要反驳故事里的任何事实；

   b. 如果自己喜欢，可以在不违反剧情主线的前提下适当地加入情节；

   c. 给出尽量多的结论；

   d. 在现实意义的基础上去发挥自由想象。

3. 收集各组得出的结论。其他组就这些结论进行讨论，并且评价结论的优缺点。

4. 当某一组发表自己的结论时，其他小组要认真听取，并就听到的结论进行批判性思考。

5. 当所有小组都发表完各自的结论后，所有学生都要按照从优到劣的顺序对这些结论进行排序。

6. 在这个过程中，教师有责任提醒学生要充分地应用以下思维技巧：横向思维、团队讨论、准确参考数据、流畅地表达（期待更多答案）、认真听取他人意见和批判性思维。在很多学科和各种情境中，为解决一个问题需要将这些技巧有机地组合起来进行应用。

应用或活动

为什么不开小雏菊

艾丽丝·德赖弗有一辆非常喜欢的小轿车，她甚至给这辆车起了个可爱的昵称——小雏菊。很多情况下，无论是近到仅一公里的距离还是远至去 200 公里外的城市看望朋友，她都会开着自己的这辆小车。

这就是艾丽丝·德赖弗使用这辆小车的一般行为模式。但是在这个看似平淡无奇的行为模式中，却有一个非常值得注意的例外。艾丽丝·德赖弗有个朋友叫塔米，她一般一周会去探望塔米一次。这位叫塔米的朋友住在科普塞顿小镇附近一个非常老式的小屋里。每次去探望塔米的时候，爱丽丝·德赖弗从不开自己的小车，而是步行 2 公里去朋友家中。

☞ 为什么艾丽丝·德赖弗没有像平常那样开着自己的车去朋友家？为什么她每次都是步行去塔米家，而不是选择开车？

(答案见第 94 页)

技能或要求

逻辑思维

❖ C.S. 刘易斯（C.S. Lewis）的魔幻小说《狮王、女巫和魔衣柜》（*The Lion, the Witch and the Wardrobe*）中有这样一位教授，因为孩子们缺乏识别重要信息并把这些信息组合在一起的能力，因此他常常感到沮丧万分。

　　"逻辑！"教授自言自语道，"为什么他们不在学校里教授逻辑呢？"

❖ 事实上，逻辑思维蕴涵了相当多的思维领域的能力，这其中包括：排序，清晰地论证，准确引用数据，分析，演绎和推理。想要通过逻辑思考得出结论，就必须从众多的对照资料中收集信息，并且对这些信息加以研究和分析，所以，在逻辑思考中，综合能力也是不可或缺的。

❖ 在数学、科学和计算机技术这些领域，逻辑思维可能是最重要的。其实，在其他领域，也在一定程度上运用到逻辑思维能力。如，想要将小说中零散的故事线索拼凑起来，就必然要用到逻辑思维。历史学的重要组成部分，对事件的起因和结果的分析，也和逻辑思维密不可分。而在地理和环境学中，如果要对能源生产带来的一系列各种可能的影响或对某个新能源地的选址是否恰当进行评估，也要应用逻辑思维。

应用或活动
字母重组

任务

1. 说出单词 facetious 一个与众不同的特点;
2. 将 facetious 的字母顺序彻底打乱,然后根据以下线索重新排列这 9 个字母得到一个新单词。

线索

1. 字母表中的第 6 个字母排在新词中的奇数位,但不是第一位和最后一位。
2. 在字母表中相邻的两个字母,在新词中同样也是相邻的,而且这两个字母的前后顺序也没有发生变化。
3. 新词中第 7、8、9 位的字母以正确的顺序排列后,是一个表示"捆绑或黏合"意思的单词。
4. 新词中的元音字母和字母表中一样是相邻的,不过顺序颠倒了。
5. 在字母 a 的左边有 3 个字母。

(答案见第 94 页)

3 强化

技能或要求

矩阵分析法

矩阵分析法要求解题者利用线索，从两个变量中找出配对信息。如果这两个变量之间的配对信息越多，那么这个矩阵的网格之间必定是相互关联的。在运用矩阵分析法解题的过程中，一系列非常重要思考技巧都会被用到，包括：逻辑思维、对数据的认真分析以及综合信息能力。一般的矩阵分析对于学生训练自己的思维技巧是极其有益的，也可以在矩阵分析中加入课程内容。

现在我们可以给出一个矩阵的例子：在这个国家中，每6个孩子中会有5个孩子去不同的地方度假，只有一个孩子不会去度假。通过矩阵分析，找出是哪个孩子不去度假，而其余5个孩子又分别是去了哪里度假。

	布莱顿	佛罗里达	纽基	巴黎	伦敦	None
Rita						
Lucy						
Sarah						
Dave						
Bill						
Bob						

❖ 其中一条线索告诉我们所有的女孩都会去度假，所以我们要在露西(Lucy)、萨拉(Sarah)和丽塔(Rita)的"None"区域里画上 ×。另一条线索则提示我们，在这个矩阵里名字中字母最多的孩子一定会去最远的地方度假，因为在这6个名字中萨拉名字中的字母是最多的，所以我们要在距离最近的度假地佛罗里达画个 ×。确定萨拉的度假地之后可以在其他度假地给萨拉画上 ×，在萨拉的度假地上给其他的孩子画上 ×。最终每一行和每一列必须出现一个、且仅一个√。有的时候仅在排除的过程中就能又画上一个√。在难度更大、更具挑战性的矩阵问题中，我们必须同时综合分析多条线索中的信息来获得结论。某些线索甚至会留下不止一个配对信息，所以除非配对信息是确定无误的，不然我们不能轻易地在矩阵中画√。

在课程指南中已经对课程内容作出了规定。对于天才儿童，课程内容一定要以更有挑战性、更丰富多彩和有趣的形式呈现出来，这点非常重要。这个部分包含了很多令人感到新奇的例子。

应用或活动
找元素

现在有6名年轻的科学家，他们分别是：纳塔利(Natalie)、罗杰(Roger)、贝蒂(Betty)、彼得(Peter)、戴维(David)和索菲(Sophie)。这6名科学家正各自就6种化学元素中的一种进行一项特别的研究。这6种化学元素分别是：金(gold)、氢(hydrogen)、钠(sodium)、铁(iron)、钾(potassium)和铜(copper)。每一个科学家都选择了一个与其他人不同的元素。

任务

根据以下线索，确定每个科学家所研究的化学元素。

线索

1. 其中两个男孩所研究的元素，元素符号仅由一个字母构成。

2. 名字中字母第二多的孩子所选择的元素的原子序数在20到30之间。

3. 名字中首尾字母相同的一个男孩所选择的元素，元素符号是Au。

4. 一个名字中含有3个元音字母的女孩所选择的元素，元素符号中带有元素名的首字母。

5. 其中一个女孩选择的元素，原子序数是30并且小于元素的原子质量。

6. 其中一个孩子所选择的元素，元素符号是其名字的首两位字母。

7. 罗杰选择的元素是这6个元素中原子序数最小的一个。

（答案见第94页）

技能或要求

侦探工作

❖ 自从侦探小说进入了大众文学之后，侦探工作的神秘感就吸引了无数的成人和儿童。阿加莎·克里斯蒂（Agatha Christie）、奈欧·马许（Ngaio Marsh）和多萝西 L. 塞耶斯（Dorothy L.Sayers）等侦探小说家已经让位于备受人们喜爱的新一代，包括露丝·蓝黛儿（Ruth Rendell）、P.D.詹姆斯（P.D.James）、雷格纳·希尔（Reginald Hill）和伊丽莎白·乔治（Elizabeth George）。许多天才儿童都着迷于这些小说中的侦探工具，甚至痴迷到不管学习什么东西都要拿这些侦探工具开始。

❖ 在侦探工作中，要用到很多重要的思维能力。其中逻辑思维能力是最为关键的。除此之外，还包括批判领域的演绎和推论。因为时常需要从一个全新角度来检视物证，所以横向思维在侦探工作中也占有了一席之地。时刻不忘对数据的引用也是至关重要的。因为侦探必须有机地整合从各种渠道收集来的信息和线索，所以综合能力也毫无疑问是不可忽略的因素。对于数据的分析要力求全面深入、缜密到位。侦探还必须在众多的信息中判断出哪些是和案件息息相关的，而哪些是用来转移视线需要及时将它们剔除出去的，在这种时候，评价也将发挥积极作用。

❖ 侦探工作所运用的方法程序在很多其他学科领域中都是很有用的。人文学科中涉及历史分析或地理问题时需要用到这种方法。数学和科学领域中的调查研究也同样需要用到这种方法。

❖ 兴趣、创新、挑战和可转移技能，这些就是那些天才儿童如此渴望能在自己的学习中应用侦探工作技巧的原因。

应用或活动

重读线索

在一宗谋杀案的调查中，洛廷贝犯罪调查科在一个前景看好的开局后似乎迷失了调查方向。虽然众多的线索和信息都已经有机地结合起来，调查结果也很快就要浮出水面，然而就在大家积极跟进各种线索的时候，调查陷入了僵局。

就在这个紧要关头，帕特·拉斯基休完病假归队了。他归队后重新检视了以下物证：

☞ 一只戴在右手的高尔夫手套；

☞ 在案件调查中提及的一个人名"伊夫林"；

☞ 在首页写着"DROLIVER"字样的记事簿；

☞ 一段提及了一所在Q地房屋的电话录音。

帕特·拉斯基抓住了以上这些线索，开始了大量调查——查找到一个习惯用右手的女子伊夫林，寻找以Q开头的地名和某一个叫做"Droliver"的人名或地名，而这些调查都徒然无获。逐渐地，他发现自己犯下了方向性的错误，而后调查又重新进入了正轨。他对其中的一项错误感到特别好笑，就好像那是发生在自己身上一样。

任务

列出帕特·拉斯基澄清的四项错误。

（答案见第94页）

技能或要求

密码

❖ 密码是很抽象的，它通常会用数字、替代字母、图像、标点、纸牌、符号来指代某一事物，这是很多天才儿童的强项之一。

❖ 因为密码总是和间谍、侦探小说相联系，所以密码对于天才儿童来说有一种天生的神奇吸引力。

❖ 在各种历史事件中，密码发挥着重要作用。

❖ 一般的密码可以用来训练学生的思维技能，如综合、演绎、推理、逻辑思维、横向思维和数据引用等。而那些与特定学科领域相关联的密码也时不时会被应用。

❖ 为了避免重复思维和能更谨慎地应用数据，一定要积极提倡学生形成良好的学习习惯，不然他们将无法应对真正意义上的挑战。可以设计些需要学生花时间去解决的难题，以发展学生智力方面的耐力和专注度。

应用或活动

伦敦来电

　　你在反间谍组工作，你和你的同事们已经追踪一伙间谍有一段时间了。而近期发现的两项重大突破能帮助你们把这伙间谍一网打尽。一是拦截的一封加密电报，二是你的团队已经意识到这伙间谍的基地就在伦敦。

任务

　　记住以上提供的信息，解密这份拦截下来的密报，并且写出你的具体的解密步骤。

```
            20 - 2 - 2
      20 - 11 - 10 - 1 - 23 - 5
  7 - 13 - 5 - 23   14 - 20 - 2 - 2
  2 - 17 - 1 - 25 - 17 - 1   9 - 1
  17 - 6 - 25 - 10 - 6   23 - 17
        2 - 10 - 20 - 6 - 1
  23 - 26 - 10 - 9 - 6   1 - 10 - 22
  14 - 17 - 1 - 23 - 20 - 14 - 23 - 5
```

（答案见第 95 页）

技能或要求

文字游戏

❖ 语言不仅是英语学习，也是其他科目学习的关键。

❖ 很多天才儿童都喜欢玩文字游戏，他们对那些俏皮话、文字之间的细微差别、头韵、拟声词和双关语很感兴趣。

❖ 天才儿童一般都同类相轻，但也表现出了一个典型的共同特点：就是具有极佳的幽默感。而这一特点往往会在文字游戏的幽默中表现出来。

❖ 在英语识字教学大纲中，词汇量的扩展是一项重要的内容。

❖ 特定的学科词汇语言一般出现在每个学科领域中最引人注目的地方。

❖ 文字游戏即可作为某一活动的主要目标，也可以是活动所带来的重要副产品。举例来说，那些隐秘的文字线索总是逻辑问题中非常关键的构成部分。

❖ 就让我们沉浸在"双关语"这一多彩的词语中，因为这个词意味着我们可以和文字玩个有趣的游戏。

应用或活动

亚瑟宫殿

很多单词的词首、词尾或者词中都含有"lot"这3个字母。如在单词"亚瑟宫殿"（Camelot）中，这3个字母就出现在了词尾，同时我们还能通过以下两条线索来确认这个单词：

亚瑟王传说中的一个关键地点，(7)。

后面的"(7)"表示该单词中包含7个字母。

任务

通过解析以下线索，确认出10个在词尾、词中或词首含有"lot"这三个字母的单词。

1. 一架飞机的试验	(5)
2. 对一小块土地进行划分	(9)
3. 一个能插入硬币的地方	(4)
4. 在碰运气的游戏中获得了好运	(7)
5. 对故事发展的秘密安排	(4)
6. 失事轮船的漂流货物	(7)
7. 一张纸上的污渍或是你性格的瑕疵	(4)
8. 一个能抚慰人心的词汇	(6)
9. 投票给我	(6)
10. 一只猫科动物	(6)

拓展练习

参照以上模式自己设计10个单词的文字线索，在这10个单词的词首、词中或词尾都有"per"这三个字母。

（答案见第95页）

技能或要求

字典和词典

❖ 在课程纲要和英语识字教学大纲中，重点强调了要能很好地使用字典和词典。

❖ 显然，如果你让学生去查字典和词典，他们完成任务的质量肯定是参差不齐的。大量与字典相关的工作都枯燥无味。而事实上查字典是非常重要的，"凭一本字典就能走遍整个英格兰"，这句话说得并不过分。如果运用得当，字典和词典能成为那些极具想象力的工作的灵感来源。

❖ 大部分标准的校用字典的内容都比较少，词汇量也非常有限。天才儿童应该选择那些内容翔实、词汇量大的字典，如由坎布斯（Chambers）、牛津大学出版社或者柯林斯出版的字典。这些字典不仅能解释每个词的不同含义，还能给出词汇的衍生含义。

❖ 字典和词典中所包含的资源之丰富超出了你的想象。企鹅和其他公司发行了专门有关引语的字典。《牛津可视字典》(Oxford Visual Dictionary)以其图文并茂和多语种附注著称，是一种内容极其丰富的学习资源。在英语学习中，还有关于谜语、成语等各个类型的字典。其中由罗纳(Lona)和彼特·奥佩(Peter Opie)编撰的《牛津童谣词典》(The Oxford Dictionary of Nursery Rhymes)可算是丰富学习资源的经典收藏。而《布鲁尔成语寓言大辞典》(Brewer's Dictionary of Phrase and Fable)至今已经发行了很多版了。在这本书中，甚至有对大量口语化的单词、短语的意思和来源，对神话、宗教、民间故事、迷信及信仰、历史人物和事件、著名文学人物等的解释。

❖ 英国国家算术战略要求我们重视运用数学词典，而其他具体学科的字典也都在课程学习中发挥着不可估量的作用。

应用或活动

回避字母 A

在联合使用字典和词典的过程中，一项非常具有挑战性的任务就是写避讳某字之文。避讳某字之文是指一段或长或短的避免出现某个特定字母的文字。

任务

在尽量保持段落大意和行文风格不变的基础上，重写下面这段文字，而不出现字母"A"或"a"。

段落原文

All around there is hatred and fear. The new regulations have caused divisions among the inhabitants. Television news broadcasts have given details of the changes. This has not assisted the situation. The authorities anticipate demonstrations after today. The faces of the politicians are grave. All will remain worrying until and arrangement has been negotiated.

（上述文字意思如下：那个地方充满了仇恨和恐惧。新的法规又加深了当地居民之间的隔阂。电视新闻详尽报道了新法规所带来的这些变化，但是这样做也无济于事。当局预计过了今天就会爆发大规模的示威游行，你甚至能从那些政客的脸上嗅出死亡的气息。除非和谈达成一致，不然这些令人担心的形势还将继续。）

拓展练习

这段文字的哪些特点给回避字母 A(a) 带来了困难？

（答案见第 95 页）

技能或要求

同音词

❖ 在英语识字教学大纲中，对同形异义词和同音异义词的作用都予以了强调。它们能使同一项学习任务既可以一种常规而平淡的方式去表述，也可以用一种很具刺激性、挑战性的方式去呈现。

❖ 因为同形异义词和同音异义词的天然本质，使它们总是会在众多的文字游戏和文字幽默中发挥非常重要的作用。而正是这两类词汇的这一特点，吸引了很多的天才儿童。

❖ 同音词是对那些发音相同或者拼写相同但是意义不同的词汇的总称。

❖ 同形异义词是指那些拼写相同但是含义不同的词汇。举个例子来说，单词"just"，可以表示公平，但同时也有当下的意思。

❖ 同音异义词是指那些发音相同但是含义或拼写不同的词汇。如单词"bear"和"bare"，前者是一种动物，后者则表示没有毛发。

应用或活动

百灵鸟的快乐冒险

这个标题蕴涵了同形异义词 "lark" 的两个意思：百灵鸟和快乐。

任务

依双重含义这个线索确认以下同形异义词。

1. 水果的特别的一天 (4)

2. 为战争插上翅膀 (3)

3. 在凉爽的一天中表现得成熟 (4)

4. 对乡村生活的一般描述 (5)

5. 体育器材带来的噪声干扰 (6)

6. 一件拉长的衣物 (3)

7. 结合处一块草莓状的水果 (3)

8. 艺术展上的露台 (7)

9. 迅捷的船舶 (5)

10. 展现一个人本性的写作元素 (9)

拓展练习

找出另外 10 个同形异义词，并且也创造出关于这些词汇的具有双重意义的隐秘线索。

（答案见第 96 页）

技能或要求

填字游戏

❖ 填字游戏对于天才儿童来说益处多多。因为天才儿童在玩填字游戏的时候总能体会到十足的挑战感，他们所喜欢的文字游戏会掺杂其中。在做填字游戏的时候，还会运用到横向思维以及对数据的准确引用。

❖ 报纸上有大量现成的、难度各异的填字游戏提供给所有的孩子。

❖ 在教学过程中，那些填字游戏中所包含的各种特定线索总是能给孩子们带来智力上的挑战。

1. 如果在填字游戏中需要用到变位词的话，一般会用"迷惑"、"混乱"、"再度更新"或者"瓦解"等词汇明确表示出来。

2. 如果出现了如"含有"、"在内"或者"一些"等指示性的词语，则说明字谜的解法会连续出现在线索中的其他地方。

3. 某些线索中时常会用到同形异义词，即一个单词同时拥有两个不同意义。

4. "在范围之外"这样的指示词引导解题者在解题过程中要随时注意，将这部分线索和另外一部分线索联系起来，综合考虑之后得到一个整体性的单词释义。

5. 在猜字谜的游戏中，人们经常会用手势来表示单词的各个组成部分。而在填字游戏中，要将线索的各个构成要素拼接组合起来才能填上正确的字。

6. 如果在线索中出现了同音异义词，那么你一般会找到如"我们听到"或者"听起来像是"这样的提示性的短语。

7. 线索中的字母反转要求解题者把某些字母反向放置，提示性的词汇一般包括"回头"、"过去"或是"倒向"。

湖北教育出版社

ESPH Educational Science Publishing House

学生学习的「脚手架」

教与学的组织和管理

教师语言技术素养

课堂教学中的提问

教师口袋书
POCKET PAL

应用或活动

找线索

任务

解出以下填字游戏的线索。在这 7 条线索中，有一条线索已经提前解释过了，但是并没有按照顺序排列。

1. 在大减价时抢购商品 (6)

2. 教堂边一块与世隔绝的空地 (9)

3. "artist" 变多后逆转 (6)

4. "side rule" 打乱重排带来的放松感 (8)

5. 提供者就在 "stolen derrick" 里面 (6)

6. 牛的叫声之外的一场拳击比赛（boxing match）导致 (7)

7. 我们听到，对维多利亚展览的称赞声，几乎（almost）充斥了整个空间 (8)

拓展练习

根据已有的线索类型，写出另外 7 条你自己创作的线索。

（答案见第 96 页）

技能或要求

谚语

❖ 谚语是指那些简短的能够给人们提供建议的传统警句或俗语。它以其简练的语言表达了特定的深刻寓意。

❖ 因为总是语带双关，所以在天才儿童的教学中，谚语具有特殊的价值和意义。天才儿童能更好地理解谚语中所蕴涵的象征意义，并且能够在深入理解谚语的基础上广泛地应用它们。这让谚语带有了抽象思维的特质。

❖ 将谚语运用到天才儿童的教学中是很有意思的。因为一方面谚语是文字游戏的最佳例证，而另一方面谚语能将一种见解以如此富有想象力的、简练的以及经济有效的方式表达出来。在谚语中，也经常会使用尾韵和头韵。

❖ 谚语式的表达方式从中世纪就开始流行了，而谚语的含义也随着时代的变迁而发生着变化，印刻着时代的痕迹，所以谚语有着诠释历史变迁的一面。在汤姆·麦克阿瑟（Tom McArthur）编撰的《牛津英语语言手册》（*The Oxford Companion to the English Language*）（牛津大学出版社）一书中，他这样告诫我们：不要因为仅值半便士的沥青就毁掉整艘船。在这条谚语的最初版本中，"船"应该是"猪"。

❖ 谚语学习在 20 世纪 60 年代的学校中是非常普遍的，但是从那之后就渐渐式微了。幸运的是，英语识字教学大纲的规定将谚语学习又重新置于重要位置。即使是这样，在谚语的教学和学习中，教师们最好能列出一个供学生们应用的谚语清单。

应用或活动

事出必有因

任务

1. 找出相互矛盾的两条谚语。

2. 哪条谚语能非常隐晦地表达出"在你赶上克米特或杰里米·费希尔之前，仔细地观察他们"这层意思。

3. 为其他谚语自创出那些隐晦的线索。

4. 自创一些现代谚语，如"大规模杀伤性武器并不是最大的威胁"。

5. 想想下面这个小故事所描述的是哪条谚语：

> 在"二战"期间，很多城镇都频繁遭受了德国空军发动的空袭。为了不给那些德国炮弹以指引，政府不得不强制采取停电措施，甚至包括灭掉所有的路灯。然而不幸的是，在这样的措施下，发生了多起伤亡惨重的车祸。就是在此时，人们发明了"猫眼"，一种放置在道路中间帮助驾驶者看清路况的反射系统。

6. 选择一条不同的谚语，并写一段小故事、一篇记叙文或者小说来阐释这条谚语。

（答案见第96页）

技能或要求

跨学科

❖ 以前的小学教师需要教授所有学科的课程，这样更能看清学科内容、教学技巧以及教学资源等方面之间的联系。而中学的教师则更加专注于他们负责的具体学科的相关内容。

❖ 绘制课程图是一种很管用的方法，它能呈现课程中不同学科领域之间的交叉重叠和关联。

❖ 某些为天才儿童所设计的新奇有趣的强化课程，往往需要不同学科领域的专家互相配合。在萨默塞特郡的基尔弗学生中心（The Kilve Residential Centre），一项结合了数学、艺术和戏剧等内容的课程正进行得热火朝天。

❖ 跨学科课程设计的一个重要方面，就是想看看某一学科领域中的学习资源能否成功地应用到其他学科领域中，从而实现不同学科间的资源共享。毕竟，一个好的点子通常是放之四海而皆准的，很多高明的见解总是能迁移到其他学科中去。这也是前文"十一个强化点"（详见第5页）所提到的特征之一。

应用或活动

跳出思维束缚

当某一学习资源兼具趣味性和挑战性的时候，千万不要忘记试试看能否把这一学习应用到其他学科领域中去。

叫四张纸牌

数学教师联合会设计了一盒纸牌（www.atm.org.uk）。纸牌的其中一面是一些诸如"垂直"、"长方体"、"圆形"或"自转"等数学术语，而另一面上有四个单词。学生在玩纸牌的时候，要准确地猜出纸牌上的数学术语，但不能用到纸牌另一面上的这四个单词。因为这四个单词和对应的数学术语的关键特性密不可分，所以这个游戏具有相当的难度。

我们可以将这副纸牌直接应用到教学中，也可以根据不同年龄段学生的不同需求来相应地改变设计，甚至可以让学生自己设定游戏规则。这项数学纸牌游戏也能应用于其他学科，如应用到历史学科，那么牌面上的术语可以调整为"协议"、"联盟"或"非军事化区域"；而如果把它们应用到地理学科，纸牌上的术语则可以换成"曲流河曲"、"牛轭湖"或"侵蚀"等。

真、假、犹豫不定

托尼·加德纳（Tony Gardiner）在牛津大学出版社出版的"数学挑战"丛书里用到了一个很有创意的活动设计。他给出一组关于某一数字或是形状的表述，学生将这些表述照抄在纸上，并把它们剪成一条一条的，然后根据自己的判断，将这些纸条放进确真、确假、犹豫不定三列中。而第三列总是最有趣的。这项训练提供了一种动觉的学习方式，而且可以延伸应用在不同难度的数学训练中。在其他学科领域中也可以有所应用，如我们可以将这组表述换成关于某个学过的故事中所涉及的情节或人物。某些科学调查也可以用这样的方式来进行。不一而足。

技能或要求

让诗歌走进课堂

❖ 在英语学习中，诗歌是课本中学生阅读和欣赏的重要内容，它也是文学中的重要组成部分。安德鲁·莫申（Andrew Motion）曾这样形容诗歌："它有一种神奇的魅力时刻吸引和感动着我们，它有一种非凡的能量时刻挑战和激励着我们，它能时刻给我们带来狂喜。"［引自《活着：对虚拟时光的真实诗赋》（*Staying Alive:real poems for unreal times*）］

❖ 有的诗歌是长篇叙事诗歌，但是大部分诗歌都是短小精悍的。而诗歌这种特有的简练写作手法也是天才儿童需要学习和发展的一项重要技能，它要求学生要善于提炼关键因素、思想和概念。诗歌对于词汇的选择也是非常精准到位的，对此，柯尔律治（Coleridge）说："诗是井然有序的绝妙好词。"［《饭桌闲谈》（*Table Talk*），1827 年 7 月 12 日］

❖ 在很大一部分的诗歌中，抽象思维（详见第 54 页）都扮演了极其重要的角色。诗歌中所蕴涵的象征主义手法、讽喻以及双关语使其对天才儿童具有非常重要的学习意义。

❖ 当天才儿童在阅读诗歌佳作时，他们会不自觉地应用到如综合、评价、分析等高级思维技能。

❖ 为了维持学生对学习的兴趣和参与度，课程设计需要尽可能的多样化。而要做到这一点：方法之一就是让诗歌走进课堂，不仅是走进英语课堂，在其他学科教学中也可以充分利用诗歌。

Shelley

应用或活动

诗歌的精湛应用

☞ 在历史学习中，很多地方我们可以运用合适的诗歌来开展学习。雪莱（Shelley）的诗歌《暴政的假面游行》（*The Mask of Anarchy*）中的第二节和第三节这样写道：

我在路上遇见了凶手——
他带着卡斯尔雷般的面具——
面具下的他平静却冷酷；
身后跟着七只血猎犬：

个个脑满肠肥，越是勇猛，
在越是肮脏的困境，
一个又一个，一对又一对，
他从他那大风衣里掏出人们的心脏，
扔到这些血猎犬的嘴里，嚼碎。

在这篇强有力的作品中，雪莱控诉了历史上有名的曼彻斯特"彼得卢大屠杀"事件中利物浦伯爵政府官员们的野蛮暴行。

☞ 著名儿童文学作家迈克尔·罗森（Michael Rosen）被招募进了由皇家化学俱乐部、物理协会、英国埃索公司和设计委员会所组成的斯塔尔小组（STAR[①] group），意在创作一百篇关于化学、物理、环境、设计和科技的诗。天才儿童非常喜欢由他参与主创的这本书——《集中发热的灯笼裤》（*Centrally Heated Knickers*）（善知鸟丛书）。

☞ 在西奥妮·帕帕斯（Theoni Pappas）编撰的《数学谈话》（*Math Talk*）中，很多的数学概念就是用诗歌进行了两种语态的表达。在这本书里，数学也可以变得人见人爱。

☞ 在很多学科课程领域，都可以围绕诗歌来举办开放性比赛，从而给学生提供既有趣又特别的活动机会。

---

① "STAR" 是 "Science, Technology and Reading" 的头字母缩写，译为"科学，技术和阅读"。

技能或要求

寓学于乐

❖ 在教学方式新鲜有趣的情况下，大部分人都能达到最佳的学习效果。这一点对于天才儿童来说也是确定无疑的。

❖ 近年来，由于分数和排名所带来的压力越来越大，所以有一部分教师认为，要么用单调枯燥的教学方式换来高分，要么把课程设计得丰富多彩而牺牲好的考试成绩，这两者只能二选一。事实上，这样的选择并不存在。很多鼓励使用创新教学方式的学校依然能在分数方面取得令人满意的结果。

❖ 许多天才儿童的一个显著特点就是有着一种特别的幽默感。当然，这样的幽默感确实会在某些情况下给他们惹来麻烦。

❖ 很多的天才儿童对幽默文字有一种特殊的喜好，如双关语、词与词之间的细微差别、双重含义的词汇、头韵、搞笑图片，等等。

❖ 目前仍然在世的世界上最伟大的数学家之一，伊恩·斯图尔特（Ian Stewart）教授曾在《数学的臆想》（*Math Hysteria*）（牛津大学出版社）一书中说，他对于数学的热爱一部分是源于马丁·加德纳（Martin Gardner）的数字游戏专栏，"因为这个专栏让我充满了兴趣，并且让我认识到还有很多的地方等待我的奇思妙想"。换句话说，既然数学可以充满乐趣，那么其他学科也一样可以。

应用或活动

貌似字谜

  这是一个口头游戏，能让你尽情探索识读能力中非常重要的那些知识领域，如反义词、同义词、同韵词、首音误置、同形异义词和同音异义词。天才儿童需要回忆起这些术语的含义，然后列出一些书名的组成要素，对这些要素进行排列，最后确认某本书的题目。

1. a head of boo large towns

  这个标题包含了一个反义词（同时也是一个同音异义词）、一个同韵词和一个同义词。

  答案：双城记 (*A Tale of Two Cities*)

2. the level of lacy mug

  这个标题包含了一个同音异义的同义词、一个同韵词和一个同义词。

  答案：崔西的故事（*The Story of Tracy Beaker*）

3. pester hurry and the foblet of gire

  这个标题里包含了一个同音异义词、一个反义词和一个首音误置词。

  答案：哈利波特与火焰杯（*Harry Potter and the Goblet of Fire*）

☞ 可以让学生们自创这样的小游戏。

技能或要求

图画书

❖ 很多人觉得图画书只对年纪较小的孩子有帮助。实际上，这种想法是错误的。当我们能用一种富有创造力和想象力的方式去利用图画书的时候，它能对各个年龄层的孩子起到令人惊叹的作用。

❖ 描绘细致而精巧的插图让很多逻辑问题的场景设计化为有形——"这群羊中的哪一只是最老的？"——我们能通过分析画中的一系列线索来解决这个问题。所以，图画对于需要用到高级思维技能的问题是非常合适和有帮助的。

❖ 对于有能力的读者来说，当他们阅读那些冗长而有难度、词汇量很大的书籍时，他们就会很期望书中能有插图。而对于那些压根连一个字都没有的书来说，图画更是扮演着不可或缺的角色。正因为文字的缺失，读者们可以根据自己的意愿对书本进行不同程度的理解和诠释。在这样的书中，读者往往要更加主动地去与书的内容进行互动，所以，这样也极大地激发了他们的想象力。

❖ 图画同样能很好地应用到现代外语教学中。因为没有教材，所以读者能以任何水平和任何语种的单词来诠释图片。

应用或活动

画里有故事

昆丁·布雷克（Quentin Blake），《向我描述一幅画》（*Tell Me a Picture*）

在这本书里，作者提供了 26 幅油画和素描。孩子们通过看这些图画来发挥各自的想象，创造出自己的故事。在个别页里，昆丁还画了一些描绘细致、相互问答的人物造型。当然，你也完全可以收集自己的画作，来做类似昆丁这样的工作。

大卫·麦考利（David Macauley），《罗马异事》（*Rome Antics*）

在这本十分精彩的书里，读者可以跟着一只信鸽，通过一条风景极佳而不是最短的线路来游览整个罗马。在最终把一封信送到某个人家之前，这只信鸽会经过罗马那些最宏伟的建筑。孩子们可以通过这些来解读这封只有一个字的信背后的神秘故事。

菲利西亚·劳（Felicia Law）和菲利普·杜帕斯奎尔（Phillipe Dupasquier），《旧农场，新农场》（*Old Farm, New Farm*）

这本章鱼丛书中的旧书据说是最能让人们消除对图画书质疑的例证。在书的最开始，读者会看到一个破败的旧农场。在书的最后，农场经过一系列令人惊叹的转变之后，蜕变为一个新农场。从旧农场到新农场，农夫会完成一系列的任务。书中也会提出一些需要高级思维技能的问题——"你会不会买这样一座旧农场？""这是农场的真实现状吗？""你会以怎样的顺序来开展工作？为什么？""你能否发现一处感情误置？"（在书中，美丽明亮的阳光照耀着新农场，而旧农场上的天空则是阴沉恐怖的）一本简简单单的图画书就能做到这样，这是非常典型的一个例子。

技能或要求

戴上课程的眼镜

❖ 想象一下你有一副课程眼镜，虽然在装饰和设计上有些古怪，但是却能发挥非常神奇的功效。一旦你戴上这副眼镜，所有现成的教学资料就会突然变得富有挑战性和趣味性，你还能充分利用那"十一个强化点"（详见第5页）。

❖ 当你充分理解了那些适用于天才儿童的课程工具之后，你不会再被那些唾手可得的、目的性过强的教学资料所束缚。现在的你拥有了无限量的教学资源，因为你能发掘各式各样事物的新用途。

❖ 举个例子来说，潮汐表对于旅行是很有用处的，但是它同样可以应用于破解侦探情节或者解决某些数学问题。

❖ 拼图同样可以作为数学学习资源来使用。尤其是那些一个矩形图里还包含着另一个矩形图的拼图，可以利用它们向学生提出诸如"拼图中究竟有多少条直边，多少个角？"这样的问题。同时，众所周知，也可以利用学生对拼图所表现出的兴趣来鉴定他们的数学学习能力。某些拼图还能指向观察力训练和逻辑问题。还有一些拼图则能为历史和地理学习提供非常理想的学习素材。

❖ 专家纸牌能提供多样化的学习机会。"声名显赫的女人们"这副纸牌能作为分类任务的资源，也可借此对其所包含的规则进行讨论。一张组合式的伦敦地下地图，是地理学习的最佳资源。

这本口袋书的形式非常简洁。很多教师可能会想进一步深入了解书中的相关做法，这部分将会告诉这些教师可以怎样做，并为他们提供相关资源。

应用或活动
全都包起来

很多彩色的包装纸给我们提供了非常宝贵的学习资源。但并不是所有的包装纸都能让你贴在课程眼镜上去看清所有的可能性。包装纸可以有以下这些样子，它们或许只是与包装纸相似，而非严格意义上的包装纸。

☞ 海底

这是一张独立的图片，里面包含了各种各样的生物类型，这些生物生活在不同的地方，从不同深度的海底沿着海床上升，一直到海面上。画家用了非常艺术的手法来表现这些生物。你能否在图中发现一些东西不在它应该在的地方？当然，确实有些物品出现在了不恰当的地方，因为不是所有的生物都在同一地点被找到。用刻度尺来量一下，相较于其他生物来说，这个生物的大小是正确的吗？由此判断，相应的水深是多少？

☞ 海滩小屋

这张包装纸上满是海滩小屋，一排接着一排，而且每个小屋的样子都有细微的差别。就此，我们可以提出相关的逻辑问题：从给出的线索来看，哪一所小屋是汉纳的？如果所有的小屋都符合建筑管理条例，那么建筑管理条例包含哪些内容？将所有的小屋分组，并且解释你的分组原理。

☞ 一副孤零零的难懂的图画

只要好好构思，一篇富有创造力的文章是可以完成的。高水平的艺术考试曾给考生出过这样的考题：给出一首诗歌，或者一篇小散文，要求考生根据这段文字来创作一幅画。现在我们将这个程序颠倒一下。我们把这张包装纸当成艺术家的作品，现在我们要根据这幅画来写一首诗歌或是一篇散文。

可能性是无限的——
但只是用于恰当的范例中，
所以戴上你的课程眼镜吧！

从这里出发

以这本口袋书为出发点

虽然这本口袋书的内容非常紧凑，但它里面却包含了种类繁多、主题各异的信息、大量的建议、关于教学技巧的丰富的细节，以及大量适用于天才儿童的游戏和活动。因此，这本书是希望能切实帮助那些负责天才儿童教学的教师们。但是，书中的很多构想还有待进一步深入阐释，限于本书篇幅，无法在书中一一进行详细介绍。

天才儿童系列

巴里·蒂尔在网络教育出版社出版的其他书中还有很多值得阅读和学习的建议。

1. 《天才儿童的有效辅导》（*Effective Provision for Able and Talented Children*）。这本书主要是从更宏观的意义上去指导教师们怎样成功地给天才儿童提供辅导。书中包含了学校政策、天才儿童的鉴定、学习效果不佳、课外辅导引发的问题、人事问题、课堂纪律和管理以及监控评价等各个方面的内容。

2. 《天才儿童的有效学习资源》（*Effective Resources for Able and Talented Children*）。这本书从天才儿童成功辅导背后的课程设置原则着手。本书由大量的富有挑战性和有趣的学习素材构成，所有的学习素材又被分为 11 个不同的主题。

3. 《天才儿童的卓有成效的学习资源》。65 种新的学习资料出现在这本书中。这 65 种新的学习资料有的被归于新的主题，有的则被归于与前书类似的主题之中。

4. 《天才儿童的挑战性学习资源》（*Challenging Resources for Able and Talented Children*）。书中所有的 62 个学习活动都是之前没有出现过的。其中大部分的学习活动是围绕着全新的学习主题而展开的，而有的学习活动则是对前书中的一些学习主题进行了更新和改进。

5. 《天才儿童的强化活动》(*Enrichment Activities for Able and Talented Children*)。这本书是根据作者在全国不同地区为天才儿童设计的大量课程而创作的。本书从成功的强化训练背后的理论研究着手，这些理论研究包括了强化训练的目的，对参训者的选择，训练气氛的营造，教师的角色设计，课外辅导问题，关键课程的要素以及怎样评判活动的成功与否。这本书是一座旨在发掘全新学习资源的宝库。

6. 《天才儿童父母或监护人指南》(*Parents' and Carers' Guide for Able and Talented Children*)。这本书针对的主要读者是天才儿童的父母或监护人。但是，教师和学校对这本书的内容也表现出了极大的兴趣和热情。这本书主要由以下三个部分组成：

☞ 对问题及活动的探讨；

☞ 对所有的课程学习都给出了建议，包括去哪些地方，利用哪些学习资源，做哪些学习活动，浏览哪些网站以及怎样给天才儿童以有益的支持；

☞ 检视了这样一个问题"什么样的小说适合天才儿童去阅读？"这个部分还列出了推荐作者和图书的详细清单，清单里包括了对这些作者和小说的各种评论和解释。

7. 《天才儿童的问题解决和思维技能学习资源》(*Problem-solving and Thinking Skills Resources for Able and Talented Children*)。这本书包含了大量具有挑战性和有趣的学习资源，来帮助天才儿童加强思维技巧和问题解决训练。很多学习资料都和课程设置联系紧密，除此之外的学习资料则从广义上帮助天才儿童处理在课程学习中可能遇到的麻烦和问题。

其他联系方式

1. 国家天才儿童教育联合会（www.nace.co.uk）。

2. 国家天才儿童协会（www.nagcbritain.org.uk）。

3. 英国教育部还设有专门的天才儿童管理部门（www.standards.dfes.gov.uk/giftedandtalented）。

参考答案

安妮的故事（第 21 页）

在很多可能的因素中，以下这些是值得思考的：

1. 毫无疑问的是，安妮肯定是有能力的，尤其在演讲、演示方面表现得尤为突出。但是，如果评判标准以笔头作业为主的话，那么安妮就有掉队的危险。

2. 也许以前并没有给她一个中肯的评价。所以，她的导师以一种独特的方式赢得了她的尊敬，所以她在接下来的活动中表现得越来越好。

3. 如果我们能发现所有天才儿童的优良品质的话，那么无论是常规课程还是强化训练都需要多样化的工作方式和表现机会。安妮的口头表达能力和团队合作能力只有在恰当的时机才能展示出来。

玛丽的故事（第 31 页）

1. 造成玛丽日益严重的数学作业拖欠问题的最有可能的原因是家庭作业的性质。她的家庭作业可能只是对课堂知识的一种重复。而作为一个数学天才的玛丽很快地掌握那些需要学习的知识和技能。但教师又要求她去巩固那些对于她而言已经不需要巩固的知识。这样导致的后果就是玛丽感到既枯燥又沮丧。像玛丽这样一个极有主见的女孩，结果就会选择自己认定的方式加以应对。

2. 即使班级里的其他学生可能需要更多的练习，也要给玛丽减少同一难度题目的数量，因为写作业的机会非常多。可以让玛丽做同一主题但是难度更高的作业。另一种做法是运用完全不同的素材为玛丽设置更具挑战性的问题，而且如果这些问题能设计得既有趣又与众不同的话，那么玛丽就会达到最佳的学习效果。

参考答案

Fivesquare 教授的代码（第 55 页）

字母表中 13 个奇数位的字母是 5 的递增倍数，而偶数位的字母的数值是它们各自数位的平方。所以，这些字母的编码如下：

字母：	A	B	C	D	E	F	G	H	I
数位：	1	2	3	4	5	6	7	8	9
代码：	5	4	10	16	15	36	20	64	25

字母：	J	K	L	M	N	O	P	Q	R
数位：	10	11	12	13	14	15	16	17	18
代码：	100	30	144	35	196	40	256	45	324

字母：	S	T	U	V	W	X	Y	Z
数位：	19	20	21	22	23	24	25	26
代码：	50	400	55	484	60	576	65	676

所以这条加密信息的内容是：

"Zero is another way of saying nought or nothing."（意思为：无和没什么的另一种表达方式是零。）

最终得数（第 59 页）

1. 19
2. 19×5=95
3. 95+120=215
4. 215−55=160
5. 160÷10=16
6. 16+28=44
7. 44÷4=11
8. 11×10=110
9. 110−64=46
10. 46+50=96

最终得数是 96。

参考答案

为什么不开小雏菊（第 61 页）

　　在众多可能的答案中，包含以下几项：

★ 艾丽丝为了锻炼身体每周都要步行一次。

★ 塔米住所附近没有合适的停车位。

★ 去往塔米住所的路可能崎岖不平或者非常难走，艾丽丝不想让她的爱车有所损耗。

★ 塔米是一个非常热心的环保主义者，所以艾丽丝不愿因为开车这件事让她的朋友不开心。

字母重组（第 63 页）

1. 五个元音字母仅出现一次，并且是按照它们在字母表中的顺序排列的。

2. C U O A F S T I E

找元素（第 65 页）

	GOLD	HYDROGEN	SODIUM	IRON	POTASSIUM	COPPER
NATALIE	✕	✕	✓	✕	✕	✕
ROGER	✕	✓	✕	✕	✕	✕
BETTY	✕	✕	✕	✓	✕	✕
PETER	✕	✕	✕	✕	✓	✕
DAVID	✓	✕	✕	✕	✕	✕
SOPHIE	✕	✕	✕	✕	✕	✓

重读线索（第 67 页）

1. 这只高尔夫手套是某个人在写字时戴在另一只手上的。

2. 伊夫林既可以是男人的名字也可以是女人的名字（就像名字帕特一样）。

3. "DROLIVER"实际上是奥利弗医生（doctor Oliver）的意思。

4. 在监听中所听到的地名并不是 Q 而是 Kew。

　　所以，现在调查可以集中在基由（Kew）的一个左撇子男人身上和对奥利弗医生的盘问。

参考答案

伦敦来电（第 69 页）

伦敦这个地名不出意料地出现在了加密信息中，这些字母可以在加密信息中使用。现在，"所有"、"致电"、"在内"和"去"这些词汇已经非常清晰了。之后的工作光靠常识就可以完成了。

密报内容如下：

"所有特工必须给伦敦打电话来学习新的联系方式。"

亚瑟宫殿（第 71 页）

1. 试飞（pilot）
2. 分配（allotment）
3. 投币口（slot）
4. 彩票（lottery）
5. 剧情（plot）
6. 残骸（flotsam）
7. 污点（blot）
8. 护肤液（lotion）
9. 选票（ballot）
10. 豹猫（ocelot）

回避字母 A（第 73 页）

以下是一种改写方式：

Everywhere there is intense dislike, deep concern too. The new rules resulted in divisions between the residents. Television news bulletins itemized the differences.This did not help the position. The people in office expect protests from tomorrow on. Those in politics show concern in their expressions. Everything will continue to be worrying until discussions produce some form of settlement.

（上述文字意思如下：这里处处充满了强烈的厌恶感和深深的不安。新的规则导致了居民间的分离和对立。电视新闻快报详细列举了这些差异和分离。但是这样做并没有使局势好转。政府办公室的工作人员预计抗议活动将会从明天开始，而政界人士也表达了他们的深切关注和惶恐。情况将继续恶化，除非能商讨出某种形式的和解和协议。）

★ 有些单词的结构比较特殊，如两个字母的单词"an"，连词"and"以及一些动词的时态变化，这些给这段文字的改写带来了困难。

参考答案

百灵鸟的快乐冒险（第 75 页）

1. 日期（date）

2. 手臂（arm）

3. 冷静（cool）

4. 平淡（plain）

5. 喧嚷（racket）

6. 领带（tie）

7. 蔷薇果（hip）

8. 画廊（gallery）

9. 船舰（fleet）

10. 角色（character）

找线索（第 77 页）

1. 收费（charge）（双重含义，同形异义词）

2. 坟墓（graveyard）（字谜）

3. 奖励（reward）（artist=drawer，字母反转）

4. 从容的（leisured）（变位词）

5. 借贷者（lender）（在"stolen derrick"这两个词中间的词）

6. 爆胎（blowout）（牛的叫声比较低，即单词"low"，"boxing match"与"bout"都是拳击赛的意思，替换之后结合线索就是"bout"在"low"之外，即单词"blowout"）

7. 感激（grateful）（同音异义词，称赞声为"great"，与"grate"同音，"almost"="full"）

事出必有因（第 79 页）

1. 其中一对是"太多的厨师会毁了一锅汤"和"人多力量大"。

2. "三思而后行"。

5. "需要是发明之母"，还有别的谚语吗？

一些有用的网站

Association for Science Education (ASE): www. ase.org.uk

Association of Teachers of Mathematics: www. atm.org.uk

Booktrust: www. booktrusted.com and

www. booktrust.org.uk

British Association (for the advancement of science):

www. the-ba.net

British Mensa Ltd: www. mensa.org.uk

Crossword Club: www.crosswordclub.co.uk

Design and Technology Association: www. data.org.uk

Geographical Association: www. geography.org.uk

Mathematical Association: www. m-a.org.uk

Natural History Museum: www. nhm.ac.uk/education

Poetry Society: www. poetrysociety.org.uk

Royal Academy of Dance: www. rad.org.uk

Royal Institution (masterclasses in mathematics):

www. rigb.org

Royal Shakespeare Company: www. rsc.org.uk

Science Museum: www. sciencemuseum.org.uk

Society for Philosophical Enquiry in Education (SAPERE):

www. sapere.net

Society for Popular Astronomy: www. popastro.com

Young Archaeologists' Club: www. britarch.ac.uk/yac

Young Historian Project:

www. harappa.com/teach/YHistcom p.htm

出　版　人　　所广一
策划编辑　　谭文明
责任编辑　　池春燕
责任美编　　刘　莹
版式设计　　徐丛巍
责任校对　　贾静芳
责任印制　　曲凤玲

图书在版编目(CIP)数据

　为天才儿童"开小灶" / 蒂尔著；宋戈，王
若雨译. — 北京：教育科学出版社，2012.5
　（教师口袋书）
　书名原文: Successful Provision for Able and Talented
Children
　ISBN 978-7-5041-6476-6

　Ⅰ．①为… Ⅱ．①蒂… ②宋… ③王… Ⅲ．①超常儿
童—儿童教育—研究 Ⅳ．①G763

　中国版本图书馆CIP数据核字(2012)第085674号

北京市版权局著作权合同登记 图字: 01-2011-8123 号

教师口袋书
为天才儿童"开小灶"
WEI TIANCAI ERTONG "KAI XIAOZAO"

出版发行	*教育科学出版社*			
社　　址	北京·朝阳区安慧北里安园甲9号	市场部电话	010-64989009
邮　　编	100101	编辑部电话	010-64989441
传　　真	010-64891796	网　　址	http://www.esph.com.cn
经　　销	各地新华书店		
制　　作	北京博祥图文设计中心		
印　　刷	北京昊天国彩印刷有限公司	版　　次	2012年7月第1版
开　　本	101毫米×199毫米 40开	印　　次	2012年7月第1次印刷
印　　张	2.5	印　　数	1-5 200册
字　　数	100千	定　　价	22.00元

如有印装质量问题，请到所购图书销售部门联系调换。